LES
BOUCANIERS

PAR

PAUL DUPLESSIS

I

PARIS

L. DE POTTER, LIBRAIRE-ÉDITEUR

RUE SAINT-JACQUES, 38.

LES BOUCANIERS

NOUVEAUTÉS EN VENTE.

La Mare d'Auteuil, par Paul de Kock, superbe affiche pochade.	»»	»»
Les Boucaniers, par Paul Duplessis, 3 vol. in-8., superbe affiche pochade, net.	13	50
L'Usurier sentimental, par G. de la Landelle, 3 vol in-8., net.	13	50
La Place Royale, par madame la comtesse Dash, 3 vol. in-8., net	13	50
La Marquise de Norville, par Elie Berthet, 3 vol. in-8., net.	13	50
Mademoiselle Lucifer, par Xavier de Montépin, 3 v. in-8., net	13	50
Les Orphelins, par madame la comtesse Dash, 3 vol. in-8., net.	13	50
La Princesse Pallianci, par le baron de Bazancourt, 5 vol. in-8., net.	22	50
Le Chasseur d'Hommes, par Emm. Gonzalès, 3 vol. in-8., net.	13	50
Les Folies de Jeunesse, par Maximilien Perrin, 3 v. in-8., net.	13	50
Livia, par Paul de Musset, 3 vol. in-3., net.	13	50
Bébé, ou le Nain du roi de Pologne, par Roger de Beauvoir, 3 vol. in-8., net.	13	50
Blanche de Bourgogne, par madame Dupin, auteur de CYNODIE, MARGUERITE, etc., 2 vol. in-8., affiche pochade, net.	9	»»
L'Heure du Berger, par Emmanuel Gonzalès, 2 vol. in-8., affiche pochade, net.	9	»»
La Fille du Gondolier, par Maximilien Perrin, 2 vol. in-8., affiche pochade, net.	9	»»
Minette, par Henry de Kock, 3 vol. in-8., net.	13	50
Quatorze de Dames par Mme la comtesse Dash, 3 vol. in-8., net.	13	50
L'Auberge du Soleil d'Or, par Xavier de Montépin, 4 vol. in-8., affiche pochade, net.	18	»»
Les Coureurs d'aventures, par G. de la Landelle, 3 vol. in-8., affiche pochade, net.	13	50
Debora, par Méry, 3 vol. in-8., net.	13	50
Le Maître inconnu, par Paul de Musset, 3 vol. in-8., net.	13	50
L'Épée du Commandeur, par X. de Montépin, 3 vol. in-8. net.	13	50
La Nuit des Vengeurs, par le marquis de Foudras, 5 vol. in-8., net.	22	50
La Reine de Saba, par Xavier de Montépin, 3 vol. in-8., affiche pochade, net.	13	50
La Juive au Vatican, par Méry, 3 vol. in-8., net.	13	50
Le Sceptre de roseau, par E. Souvestre, 3 vol. in-8., net.	13	50
Jean le Trouveur, par Paul de Musset, 3 vol. in-8., net.	13	50
Les Femmes honnêtes, par Henry de Kock, 3 vol. in-8., net.	13	50
Les Parents riches, par Mme la comtesse Dash, 3 vol. in-8., net.	13	50
Cerisette, par Paul de Kock, 6 vol. in-8., affiche pochade, net.	30	»»
Diane de Lys, par Alexandre Dumas fils, 3 vol. in-8., net.	13	50
Une Gaillarde, par Paul de Kock, 6 v. in-8., affiche pochade, net.	30	»»
Georges le Montagnard, par le baron de Bazancourt, 5 v. in-8., affiche pochade, net.	22	50
Le Vengeur du Mari, par E. Gonzalès, 3 vol. in-8., net.	13	50
Clémence, par madame la comtesse Dash, 3 vol. in-8., net.	13	50
Brin d'Amour, par H. de Kock, 3 v. in 8., affiche pochade, net.	13	50
La Belle de nuit, par Maximilien Perrin, 2 vol. in-8., affiche pochade, net.	9	»»

LES
BOUCANIERS

(LE CHEVALIER DE MORVAN)

PAR

PAUL DU PLESSIS

I

PARIS

L. DE POTTER, ÉDITEUR

39, RUE SAINT-JACQUES

LE

CHEVALIER DE MORVAN

INTRODUCTION.

INTRODUCTION.

L'existence des boucaniers, ces enfants perdus de toutes les civilisations, qui, mis au ban de la société, et réunis par un intérêt commun, bravèrent impunément, pendant une grande partie des dix-septième et dix-huitième siècles, les efforts de l'Europe souvent coalisée contre eux, présente certes la plus étrange et la plus merveilleuse histoire qu'il soit possible d'imaginer. Mon enfance a été bercée, pour ainsi dire, aux récits de leurs fantastiques exploits, et, quelques années plus tard, à peine au sortir des bancs du collége, le hasard me jeta dans les parages les plus célèbres de la flibuste : la première terre où je descendis après mon départ d'Europe fut l'île de la Tortue.

Mes souvenirs d'enfance, ranimés par le splendide spectacle, si nouveau pour moi, de la magnifique nature tropicale, me revinrent avec tant de force, et revêtus par l'imagination et l'enthousiasme de si vives couleurs, que je me crus sérieusement, pendant plusieurs heures, transporté en plein dix-huitième siècle, au plus beau temps de la flibuste.

Je vis glisser dans les forêts sombres, et recouverts de grossiers vêtements de cuirs, des hommes à la figure énergique et fière, aux membres souples, maigres et nerveux, hôtes des bois que les Espagnols n'osaient guère attaquer que par surprise, ou la nuit pendant leur sommeil.

J'entendis les échos sonores et multiples des mornes répéter à l'infini les aboiements des meutes de chiens altérés de sang comme des tigres, les détonations des carabines, les mugissements des taureaux traqués, les cris de triomphe des chasseurs !

Bientôt à ces bruits se mêlèrent les clameurs de la bataille ! Les boucaniers surpris par une *cinquantaine* espagnole, acculés dans un ravin, ainsi que le lion dans son antre, sortaient vainqueurs de cette embuscade, et foulaient sous le dur talon de leurs épaisses chaussures les cadavres des lanciers.

Ah! que ne puis-je donner une forme à ce songe que j'ai fait tout éveillé! fixer sur le papier les scènes tumultueuses, terribles, tendres et passionnées qui passèrent, fantasmagorie saisissante, devant mes yeux éblouis et fascinés! Mais à quoi bon ces regrets? On produit si rarement un chef-d'œuvre!

Je me promis, en quittant Saint-Domingue pour aller parcourir des horizons plus lointains encore, que si jamais je revoyais la France, mon premier soin serait d'écrire l'histoire des Boucaniers.

Je commençai dès ce moment à recueillir soigneusement sur ma route les matériaux confus et épars qui pouvaient m'être de quelque utilité dans l'accomplissement de ce projet.

Cinq ans plus tard, — j'étais seulement de retour à Paris depuis un mois, — je me rendais à la Bibliothèque royale, pensant toujours à mes boucaniers, et presque ému à l'idée que j'allais enfin connaître la mystérieuse odyssée des fondateurs de Saint-Domingue.

Hélas! combien mon espoir fut déçu!

Un employé de la Bibliothèque à qui je m'adressai, écrivit silencieusement, après m'avoir écouté fort complaisamment, une ligne sur un petit carré de papier et me dit d'attendre. Un quart-d'heure plus tard il me tendait un volume que je saisissais avec empressement; c'était un *Manuel du Verrier*.

Il y avait évidemment quiproquo; je réclamai. L'employé, toujours aussi complaisant, écrivit une nouvelle ligne sur un nouveau carré de papier; j'attendis encore un quart-d'heure et l'on me remit un nouveau volume : cette fois, c'était un *Cours préparatoire au baccalau-*

réat. Une troisième tentative ne me réussit pas mieux que les deux premières; j'obtins l'*Histoire de Charles XII.*

N'osant plus déranger une quatrième fois cet employé si complaisant, je m'en allais de fort mauvaise humeur, lorsque ma bonne étoile me fit trouver face à face avec G. de M....., le plus modeste et le plus érudit bibliophile de notre époque. Je lui racontai mon déboire.

— Vous êtes dans votre tort, me répondit-il, et vous n'avez pas le droit de vous plaindre. Il faut pour obtenir un livre à la Bibliothèque, de même que pour solliciter une place dans le gouvernement, spécifier catégoriquement l'objet de sa demande. Les employés et les ministres sont bien trop occupés à accorder pour songer à offrir. Quel livre désirez-vous?

— Je l'ignore. Je voudrais un ouvrage qui traitât des boucaniers des Antilles.

— Il y en a plusieurs : l'Anglais Basil Ringrose, le Hollandais Joseph Esquemeling et les Français Raveneau de Lussan et Olivier Oexmelin, tous anciens boucaniers, ont laissé des Mémoires authentiques.

— Ecrivez-moi ces noms, je vous prie; et quel est, d'après vous, le meilleur, c'est-à-dire le plus exact de tous ces ouvrages ?

— C'est, sans contredit, celui d'Oexmelin, publié en 1775 à Trévoux, par la Compagnie.

Tous les auteurs qui ont traité depuis le même sujet l'ont pillé sans vergogne, y compris J. V. d'Archenholtz, le dernier de tous, dont l'histoire des flibustiers a été traduite, et a paru en France èn 1804.

Croyez-moi, demandez Oexmelin.

Je ne me fis pas répéter cette invitation ; je m'empressai d'écrire, à mon tour, sur un de ces petits carrés de papier, dont l'employé de la Bibliothèque usait avec tant de complaisance et si peu de succès, le titre que G. de M. me dicta.

Dix minutes plus tard, l'on me remettait les quatre volumes de « l'Histoire des aventuriers, flibustiers, qui se sont signalés dans les Indes, contenant ce qu'ils ont fait de remarquable, avec la vie, les mœurs et les coutumes des boucaniers, etc., etc.; le tout enrichi de cartes géographiques et de figures en taille-douce. »

J'avoue que la vue des cartes géographiques et des figures en taille-douce, naïfs essais de l'art, me causèrent une joie véritable.

Un boucanier, portant sur sa tête un sombrero empanaché, sur ses épaules un manteau flottant, à sa ceinture un arsenal de pistolets, la hache au poing, et les pieds garantis par le cothurne antique m'eût mis en méfiance ; mais les héros représentés par le crayon inexpérimenté et fidèle d'Oexmelin avaient une physionomie si vulgaire, leurs costumes étaient si prosaïques, si dépourvus de ces accessoires dramatiques, inhérens aux personnages de roman, que je ne pus mettre en doute un seul instant la véracité de l'ouvrage. Je commençai, sans plus tarder, la lecture du premier volume.

La plume d'Oexmelin ressemble à son pinceau ; elle n'a pas de style ; cette nouvelle découverte m'enchanta, car elle me promettait, à défaut d'ornements littéraires, dont je me souciais fort peu, des révélations et des faits que je désirais si ardemment et depuis si longtemps connaître.

Hélas! et trois fois hélas! je n'eus pas plutôt parcouru une soixantaine de pages que je repoussai loin de moi, avec accablement, l'histoire des aventuriers : ce n'était pas chose lisible! Pas de dates, une extrême confusion, des répétitions sans nombre, une désespérante monotonie, tels étaient les principaux défauts qui se représentaient à chaque page.

— Mon cher ami, me dit le bibliophile G. de M., à qui je m'empressai de raconter, le soir même de ma visite à la Bibliothèque, mon désappointement du matin, si Oexmelin ne vous satisfait pas, je vous conseille de renoncer à vos recherches, vous ne trouverez pas mieux. Tous les encyclopédistes qui ont écrit sur les boucaniers se sont contentés, y compris Voltaire, de faire des extraits d'Oexmelin. Quant aux romanciers, et ils sont nombreux, qui, depuis Picquenard jusqu'à Vander-Velde, ont chanté les exploits des flibustiers de Saint-Domingue, ils ne pourraient que vous induire en erreur; la plupart d'entre eux ignorant même les faits les plus saillants de l'histoire des boucaniers, ont donné un libre cours à leur imagination, et inventé des épisodes complètement dénués de couleur locale et qui ne ressemblent à rien.

— Vous me désespérez sans me décourager! Je ne sais, mais un pressentiment me dit que je finirai par mettre la main sur l'ouvrage que je cherche.

— Et moi j'admire votre obstination sans pouvoir la comprendre! Quel intérêt attachez-vous donc à ces flibustiers?

— Un intérêt de curiosité presque personnelle. J'ai trouvé dans les papiers de mon aïeul, le marquis de Cadusch, le dernier gouverneur, à proprement parler, de Saint-Domingue, et dans ceux de mon grand oncle, l'amiral de Bruix, des documents que je tiens à compléter.

— En d'autres termes, vous avez commencé la lecture d'un ouvrage qui a vivement captivé votre attention, ouvrage interrompu, ainsi que cela arrive toujours, au passage le plus saisissant, et dont vous tenez absolument à connaître le dénouement.

— C'est cela même.

— Eh bien! en ce cas, il ne vous reste plus qu'une ressource pour sortir d'embarras. Allez voir Madame veuve Cardinal! Si vous ne rencontrez pas chez elle ce que vous souhaitez, vous pourrez dire alors adieu à tout espoir.

Le conseil de G. de M... était bon ; je n'hésitai pas à le suivre.

Il n'y a pas un seul membre du Paris savant ou littéraire qui ne connaisse Madame veuve Cardinal et son affreux petit cabinet de lecture de la rue des

Canettes-Saint-Sulpice. Madame veuve Cardinal a fait — que Dieu lui pardonne — les trois quarts des feuilletonistes de nos jours; catalogue vivant et inépuisable de tous les produits de la presse, elle fournit à ceux qui cherchent *des idées* — — et cela en tenant compte avec un tact exquis et infaillible des dispositions, de l'esprit et du tempérament du chercheur — de vieux romans complètement inconnus et bons à être remis à neuf. Son affreux petit cabinet de lecture, si humble d'apparence à l'entresol, a envahi peu à peu la maison entière, et est devenu, ni plus ni moins, la première bibliothèque de Paris.

On voit que la race des feuilletonistes est abondamment pourvue et qu'elle menace de se perpétuer longtemps encore !

Madame veuve Cardinal, aux premières paroles que je lui adressai, secoua la tête d'une façon chagrine.

— Je n'ai pas l'ouvrage que vous cherchez, me répondit-elle, et je doute même très fort qu'il existe. N'importe, je vais prendre note de votre désir, que je vous promets de ne pas perdre de vue.

Après cette dernière et infructueuse

démarche, il ne me restait plus qu'à abandonner mon projet; ce fut ce que je fis.

Deux ans s'étaient écoulés depuis lors, et je ne songeais plus à mes boucaniers, lorsque je reçus, au moment où je m'y attendais le moins, un mot de Madame veuve Cardinal, par lequel elle me priait de passer à son cabinet de lecture.

— Vous voyez, Monsieur, que je ne vous ai pas oublié, me dit-elle d'un air triomphant et joyeux, dès qu'elle m'aperçut ; j'ai enfin trouvé votre affaire !

Madame veuve Cardinal, retira alors de dessous son comptoir six volumes in-douze, ficelés en un paquet et tout couverts de poussière.

— Parcourez rapidement au hasard ces mémoires, reprit-elle, et voyez s'ils peuvent vous convenir. Quant à moi, je les ai lus en entier et je suis persuadée qu'il est extrêmement facile, en leur donnant un coup de plume et en les retapant, de les remettre à neuf. Quelques jours vous suffiront pour brosser le style et l'accommoder au goût du jour. Ce nettoyage vous prendra à peine une semaine ; vous signerez ensuite et deviendrez l'auteur d'un roman qui vous fera — vous savez que je m'y connais — beaucoup d'honneur.

Madame veuve Cardinal aurait pu continuer longtemps à parler — je lui demande pardon de cet aveu — en pure perte.

Je venais, en ouvrant un des volumes, d'apercevoir, répété cinq à six fois dans la même page, le nom de Louis de Morvan, et ce nom m'avait causé une telle joie que j'oubliai, plongé avidement dans ma lecture, et Madame veuve Cardinal, et l'endroit où je me trouvais, et les pratiques qui encombraient l'étroit et obscur cabinet littéraire.

Ce Louis de Morvan, dont il était question dans la plupart des lettres que mon aïeul et mon grand oncle, le marquis de Cadusch et l'amiral Bruix — les deux beaux-frères — s'écrivaient, était justement ce même personnage qui, en excitant vivement ma curiosité, m'avait donné l'idée d'écrire l'histoire des Boucaniers.

La trouvaille de Madame veuve Cardinal me semblait par ce motif si merveilleuse et si extraordinaire, que je ne pouvais me résoudre à y croire.

La nuit me surprit appuyé debout contre une étagère et lisant toujours.

Il y avait quatre heures que j'étais dans cette même position, et j'avais dévoré trois volumes lorsque la maîtresse de la maison m'avertit qu'il était temps pour moi d'aller dîner.

Je serrai énergiquement sous mon

bras les bienheureux volumes, et je demandai à Madame veuve Cardinal quel prix elle voulait me les vendre, tout en lui faisant loyalement observer que cet ouvrage, publié en Hollande, n'ayant été tiré, ainsi que le déclarait l'auteur dans sa préface, qu'au nombre restreint de cent exemplaires, devait se payer plus cher que la plupart des romans contemporains de son époque.

Les livres de Madame veuve Cardinal sont ses enfants.

Sa réponse à ma proposition déplacée

fut ce qu'elle devait être, pleine d'indignation et de fierté.

Toutefois, après les excuses que je lui présentai, l'excellente femme, qui est la bienveillance en personne, oublia sa juste colère et, accompagnant sa réponse d'un fin sourire :

— Ne craignez rien, monsieur, me dit-elle, quand bien même, et par miracle, on me demanderait l'ouvrage que vous emportez en ce moment, je vous promets de ne le prêter, avant trois ans d'ici, à personne au monde.

Madame veuve Cardinal qui est, je le

répète, la mère de ses livres, est également le confesseur des gens de lettres !

Que de monstrueux et imprudents plagiats, connus d'elle seule, passent, grâce à sa discrétion, pour des œuvres nouvelles !

Quant à moi, ma conscience mesquine et timorée me fait un devoir de déclarer hautement au lecteur que s'il éprouve, — comme je l'espère, — quelque intérêt à la lecture des *Boucaniers*, il ne doit m'en savoir aucun gré : mon seul mérite aura été de rajeunir, ou, pour me servir de l'expression de Madame veuve Cardinal, de retaper, — sans y rien ajouter, — un ouvrage complètement inconnu, qui m'a séduit par un cachet de vérité impossible à imiter, rendu plus authentique et plus saisissant encore pour moi par la confirmation que j'y ai trouvée dans mes papiers de famille.

Peut-être donnerai-je plus tard le titre sous lequel a paru primitivement ce véridique et curieux ouvrage.

CHAPITRE PREMIER.

—

LA MAISON SOLITAIRE
DE LA GRÈVE DE PENMARK.

I

La Maison solitaire de la Grève de Penmark.

En l'année 1695, existait séparée de la mer par une vingtaine de toises et à un quart de lieue environ du village de Penmark, une petite maison rustique d'assez triste apparence.

Bâtie grossièrement en terre, entremêlée de chaux et de quartiers de roches brisées, cette habitation solitaire était cependant de nature à attirer l'attention du voyageur.

D'abord, une girouette surmontée d'une couronne de comte, se dressait orgueilleusement à l'une des extrémités de son toit; ensuite une écurie, dont la construction récente ne manquait certes ni de solidité ni d'élégance, et n'eût pas été déplacée dans le voisinage d'un château, contrastait d'une étrange façon avec la bicoque à laquelle elle était annexée.

Avant de pénétrer dans cette maison, ou plutôt dans cette masure, quelques mots d'explication sont indispensables pour donner au lecteur une idée exacte du théâtre où va se passer la première scène de ce récit.

Au reste, la côte de Penmark, province de Bretagne et évêché de Quimper, mérite bien l'honneur d'une courte description.

Penmark en l'année 1695, — et depuis cette époque, l'état des choses y est resté à peu près le même, — n'était guère visité, par suite de la déplorable réputation de ses habitants, que par de rares voyageurs.

D'un caractère farouche et sanguinaire, âpres au gain, inaccessibles à la pitié, toujours disposés à commettre un assassinat et à exécuter un vol, les Penmarkais, — bien différents en cela des autres Bretons, — n'accordaient l'hospitalité à l'étranger, que sa mauvaise étoile conduisait parmi eux, qu'avec une arrière-pensée de meurtre et de trahison.

Les moyens d'existence que possédaient au dix-septième siècle ces misérables, étaient extrêmement restreints : ils vivaient de la pêche et de la contrebande : encore leur mauvaise foi connue et leur indomptable violence annulaient à peu près pour eux cette dernière ressource : on craignait de se mettre en relations d'affaires avec de tels bandits.

Leur principale ou pour mieux dire leur unique ressource — revenu de sang bien digne de leurs mœurs — était le droit d'*épave* ou de *bris* qui existait sur toute la côte de Saint-Pol-de-Léon.

Les débris que la tempête poussait sur

cette terre inhospitalière leur appartenaient de droit.

Or, comme par extension de ce privilége, les riverains considéraient comme débris les navires entiers qui se jetaient à la côte; que ces parages hérissés d'écueils et où soufflent perpétuellement des vents violents et contraires, sont extrêmement dangereux et fertiles en naufrages, les habitants de Penmark ne laissaient pas de recueillir d'assez gros bénéfices de leur infâme industrie.

A quoi bon s'appesantir, — détails

qui se trouvent partout, — sur les ruses infernales qu'ils employaient pour venir en aide à la fureur des tempêtes ?

Chacun sait qu'ils ne manquaient jamais, à l'approche de l'orage, de faire promener, la nuit, le long de la côte, plusieurs vaches avec un fallot allumé fixé après leurs cornes, et leurs pattes de devant attachées pour les faire boiter, combinaison qui simule de loin, à s'y méprendre, la marche d'un navire. Les infortunés marins, trompés par cette vue, croyaient avoir la mer devant eux et venaient s'échouer à la côte.

Inutile également de rappeler, car

il est des détails hideux, devant lesquels une plume doit s'arrêter, la cruauté inqualifiable qu'ils déployaient vis-à-vis des naufragés. Jamais ils ne faisaient grâce au malheur, et ils rejetaient toujours, cadavres à la mer, les corps que le flot leur avait apportés vivants.

L'aspect que présente la côte de Penmarck est parfaitement d'accord avec le caractère de ses habitants. L'imagination ne pourrait guère — sans sortir du possible — rêver un paysage plus sauvage et plus sombre.

Partout des rochers, une plage aride,

des lames écumantes ; du côté de la terre des landes mornes et désolées.

A présent, pénétrons dans la petite maison rustique dont il a été question au commencement de ce chapitre.

Le rez-de-chaussée se composait de deux pièces : une cuisine et une buanderie ; le premier étage, d'une chambre à coucher et d'un salon.

Peût-être le mot salon est-il impropre pour désigner une des deux pièces qui formaient le premier et unique étage de la masure solitaire de la plage de Penmarck : aussi n'est-il employé ici que faute d'une autre expression.

Dans cette pièce assez misérablement meublée, un jeune homme, la tête renversée en arrière et dans une pose qui annonçait la préoccupation, se tenait assis dans un grand fauteuil placé devant une table en chêne, couverte de cartes géographiques jetées pêle-mêle les unes sur les autres.

Ce jeune homme, âgé de vingt-deux à vingt-cinq ans, n'était pas doué d'une de ces figures efféminées, pâles et délicates, si fort appréciées dans les salons;

tout au contraire, son visage, hâlé par le grand air, un peu osseux et de coupe plutôt carrée qu'ovale, respirait une rare énergie; une épaisse chevelure noire retombait sur son front plus large qu'élevé; ses yeux noirs aussi, et expressifs au possible, devaient savoir, — cela se devinait de suite, — soutenir le regard d'un ennemi et contempler froidement un danger.

La lèvre supérieure couverte par une fine moustache retroussée, sa bouche, plutôt épaisse que mince, s'épanouissait en un vif incarnat qui faisait ressortir davantage encore l'admirable blancheur d'une double rangée de dents merveilleusement petites et serrées. Quant à sa taille, — il pouvait avoir cinq pieds trois pouces — si elle ne possédait pas la svelte élégance si appréciée à la cour, elle dénotait en revanche une force et une organisation physique peu ordinaires : toutefois, malgré des épaules carrées, légèrement voûtées, malgré la maigreur nerveuse de ses membres, et sa tête qui s'inclinait parfois pensive, au lieu de se redresser, suivant la mode, le nez au vent, l'ensemble de ce jeune homme ne manquait certes ni de distinction ni de grâce; il devait plaire singulièrement aux femmes mariées. Ce jeune homme — le lecteur voit que nous lui présentons tout simplement et sans la moindre mise en scène le héros de notre histoire — se nommait le chevalier Louis de Morvan.

C'était au commencement du mois de juin vers les cinq heures de l'après-midi, il avait fait toute la journée une chaleur extrême, et une atmosphère lourde et chargée d'électricité annonçait l'orage.

Bientôt un violent coup de tonnerre, répercuté par les échos de la plage, retentit semblable à une décharge d'artillerie, et rebondit de rochers en rochers.

Louis de Morvan, comme s'il eût voulu chasser une idée fixe qui l'importunait, passa à plusieurs reprises sa main sur son front, et se levant vivement de dessus son fauteuil, se dirigea vers une fenêtre qui donnait sur la mer.

A peine venait-il de s'accouder sur la grossière barre de bois qui servait d'appui ou de balustrade, qu'un bruit bizarre et étrange, dominant le murmure des vagues qui venaient mourir sur les galets de la grève, traversa les airs : on eût dit le rugissement étouffé et lointain d'un lion en fureur.

Le jeune homme pâlit légèrement, et mordant jusqu'au sang sa lèvre supérieure, il se mit à se promener de long en large et d'un pas saccadé à travers son salon.

Chaque fois qu'il passait devant une paire de riches pistolets accrochés à hauteur d'hommes à la muraille, il s'arrêtait et les contemplait un instant avant de reprendre sa promenade. Ses sourcils contractés montraient clairerement que son esprit était tourné vers des pensées de violence.

Paraissant, enfin prendre un parti il ouvrit la porte du salon qui donnait sur un escalier de bois étroit et vermoulu, et, d'une voix dont les notes claires et sonores dénotaient de sa part une propension naturelle au commandement, il cria deux fois le nom d'Alain.

Presque aussitôt les marches disjointes de l'escalier tremblèrent sous la pression de deux lourds sabots, et Alain, le domestique de Louis de Morvan, se présenta.

Alain, à peu près du même âge que son maître, était dans toute l'acception du mot un véritable Bas-Breton.

Petit, trapu, ramassé, nerveux et d'une déplorable négligence dans sa toilette, on eût dit de lui un Celte sortant de sa tannière après un sommeil de deux mille ans.

Toutefois, en entrant dans le salon, il souleva légèrement son chapeau de dessus sa tête, et parut attendre comme un domestique de bonne maison que de Morvan lui adressât le premier la parole.

— La barque est-elle prête à pren-
la mer? lui demanda ce dernier.

— Si vous l'ordonnez, elle le sera
avant une heure, répondit Alain en se
grattant l'oreille d'un air embarrassé,
mais j'aime à croire que vous ne vous
en servirez pas aujourd'hui...

— Et pourquoi ne m'en servirai-je
pas, monsieur Alain?

Le mot de monsieur parut offenser
vivement le Bas-Breton, qui répondit
avec une brusque franchise :

— Parce qu'il faudrait avoir perdu le sens commun pour s'embarquer quand le *Moine* pousse des soupirs qui s'entendent à six lieues à la ronde!... Ce serait tenter la bonté de Dieu et de la Vierge! Tenez! écoutez!...

Alain n'avait pas achevé sa phrase, lorsque ce bruit bizarre, étrange, dont il a déjà été parlé, et qui ressemblait, au rugissement étouffé et lointain d'un lion en fureur, s'éleva avec plus de force encore que la première fois.

Le maître et le domestique se regardèrent un moment en silence.

— Qu'avez-vous à répondre à cela? reprit enfin ce dernier.

— J'ai à répondre que si je retarde encore d'une heure mon départ, demain matin au point du jour la côte de Penmark sera couverte de débris et de cadavres...

Un joyeux sourire, remarqué par le chevalier de Morvan, passa sur la figure d'Alain.

— Sais-tu bien, lui dit-il, que si je ne te savais pas un bon et honnête garçon, ce sourire te vaudrait une rude correction de ma part? Quoi! misérable, tu n'as pas honte de t'associer ainsi à la fureur de la mer, et, plus impitoyable que la tempête, d'accueillir par l'assassinat et le vol, les malheureux naufragés qu'elle t'envoie!... Mais tu es donc un monstre. Parle, tâche de m'expliquer ta hideuse façon de voir.... Quel prétexte trouves-tu pour motiver ta cruauté?

Alain accueillit cette violente apostrophe avec un calme parfait.

— Vous ne me battrez pas, mon maître, répondit-il d'une voix tranquille, parce que vous êtes trop glorieux pour abuser de ce que le bon Dieu vous a fait plus fort que moi; vous auriez honte de votre triomphe!.... Quant à ma façon de voir les choses, il est inutile que je converse là-dessus avec vous, puisque entendre la vérité vous met aujourd'hui en fureur.

Le flegme du paysan bas-breton désarma le gentilhomme qui reprit en adoucissant sa voix :

— Tu peux parler sans crainte, Alain, je te promets, moi, de t'écouter sans colère!

— Eh bien! puisque c'est par votre ordre, ça me va, s'écria le domestique en se frottant les mains; il y a joliment longtemps, allez, que j'ai envie de vous dire votre fait! D'abord, et avant tout, vous saurez qu'il n'y a pas un gars de Penmarck qui ne vous déteste de tout son cœur! on vous exècre.....

— Moi! dit de Morvan avec une certaine émotion, et qu'ai-je donc fait pour mériter cette haine?

— Vous n'avez jamais su respecter les usages du pays... vous vous êtes toujours opposé au partage du *bien de Dieu!*

On appelle ainsi, tout le long de la côte de Saint-Pol-de-Léon, les épaves ou débris des navires naufragés.

— Mais cet usage est atroce, Alain!

— Pour ça, non, il ne l'est pas, reprit le Bas-Breton, puisque c'est Dieu qui le veut!... Ensuite les gars du village, pour en revenir à ce qui vous regarde, prétendent que vous avez pris à l'école des gentilshommes de Nantes, où vous avez été élevé, des façons françaises..... Vous qui, à l'âge de quatorze ans, étiez le plus adroit joueur de bâton, à dix lieues à la ronde, de

Penmarck, et qui abattiez à tout coup, en tirant avec le mousquet, à balle rase, un canard à cent pas, vous ne vous amusez plus guère aujourd'hui qu'avec vos pistolets!..... Or, les pistolets sont des joujoux en usage à la cour de France, et dont un Breton qui se respecte ne doit pas se servir!... Et puis..... mais non, vous vous fâcheriez...

— Je t'ai ordonné de ne rien me cacher... continue.

—Et puis on prétend que vous ne craignez pas le jour du vendredi et que vous vous moquez des loups-garous et des âmes en peine qui errent la nuit dans les landes et les marais...

— Il est vrai que je ne crois pas aux loups-garous, mais je suis trop bon chrétien pour penser de même des vendredis... Tu dois avoir remarqué, Alain, que jamais, quand le temps était à l'orage, je ne suis embarqué un vendredi ou un 13...

— Ça, c'est vrai ! c'est une justice à vous rendre, mais pour les loups-garous.....

— Que veux-tu, Alain, je te répète

que je n'y crois pas, ce n'est pas ma faute.

— Je sais bien. Enfin, c'est tout de même, un manquement de religion ! Après tout, je suis tenté de penser que les gars de Penmarck vous pardonneraient encore de vous être *francisé* sous bien des rapports, si vous respectiez le *bien de Dieu* et si vous ne portiez pas secours, comme vous le faites, aux navires en détresse.

— J'en suis bien fâché pour les gars de Penmarck, mais il faudra bien qu'ils s'habituent à mes manières. Jamais je ne consentirai à devenir par une lâche inaction, le complice tacite de leurs assassinats. S'ils trouvent à redire à ma conduite, qu'ils viennent me faire leurs observations et je les recevrai comme ils méritent de l'être!

— Il n'y a pas de danger qu'ils osent jamais vous parler en face. Ils savent trop bien que quand vous dites à un homme : « Tu as péché, tu vas être puni, » cet homme-là doit s'estimer heureux s'il sort de vos mains avec une seule côte de cassée... seulement, vous verrez qu'un de ces jours ils vous feront une traîtrise... Méfiez-vous!

— Je me méfie déjà, Alain. Depuis longtemps j'ai remarqué les regards farouches que jettent sur moi les gars de Penmark lorsque nous prenons, toi et moi, la mer à l'approche de l'orage. Désormais nous ne nous embarquerons plus qu'armés... Tu te munieras d'une hache, moi j'emporterai mes pistolets.

— Alors vous ne renoncez pas à tenter la fortune de la mer, maître? dit Alain d'un air mécontent.

— Moins que jamais! Je sors pour quelques minutes... Que la barque soit prête à mon retour.

— Quel malheur! mon maître, s'écria Alain d'un ton désespéré, que vous qui avez tant d'instruction et d'esprit vous ne puissiez comprendre que le *bien de Dieu* est une chose sacrée!

— Refuserais-tu de me suivre?..... C'est bon j'embarquerai seul.

— Ah! mon maître, s'écria Alain d'une voix émue, quelle faute ai-je donc commise pour que vous me parliez ainsi; ne suis-je pas un honnête gars qui sert avec fidélité celui qui le paie avec exactitude?... Voyez-vous, depuis que vous avez vécu avec les

Français, entendre la vérité vous fâche... Je suis tout prêt à vous accompagner, seulement, si les gars de Penmark, tentent — ce qui ne m'étonnerait pas — de s'opposer à notre embarquement, et que vous aperceviez Legallec parmi eux, tapez sur lui de préférence à tout autre... c'est ce gredin-là qui ameute le village contre vous...

— Et tu n'as jamais songé à lui imposer silence ?

— Je vous demande bien pardon, monsieur le chevalier ; je me suis déjà battu à propos de cela six fois avec lui; mais comme nous sommes malheureusement tous les deux à peu près de même adresse et de même force, je n'ai pu encore le tuer!

Au total, dans nos six rencontres, je n'ai eu que trois dents cassées, tandis que Legallec en a perdu quatre; j'ai donc bon espoir d'en venir à bout.

— Voilà assez de paroles inutiles, dit le chevalier de Mervan en interrompant son domestique. Occupe-toi de l'embarcation pendant que je vais aller examiner du haut des roches de la plage, s'il ne se trouve aucun navire en vue. L'orage éclatera avant une heure.

Alain, malgré ce congé formel, resta immobile.

— Eh bien! ne m'as-tu pas entendu? lui demanda son maître.

— Si fait, répondit-il; mais avant de songer à l'embarcation, j'ai un autre devoir à remplir, et je vous prierai de m'accorder un moment de liberté.

— Quel est ce devoir, Alain ?

— Je voudrais aller faire brûler un cierge à l'église de Penmark pour la réussite de notre expédition de ce soir !

— Tu me jures que tu me dis la vérité ?

— Oui, mon maître, je vous le jure !

— En ce cas, je t'accorde une demi-heure ; voici en outre un demi-écu qui t'aidera à accomplir ton pieux projet. Dépêche-toi !

Le Bas-Breton saisit avidement la pièce d'argent que lui tendait le jeune homme, en s'élançant en deux bonds au bas de l'escalier vermoulu; il se mit à courir, ses sabots à la main et avec une grande vîtesse, dans la direction du village de Penmark.

Quoique la distance qui séparait ce village de la mâsure habitée par le chevalier de Morvan, fût, le lecteur le sait déjà, d'un quart de lieue, Alain ne mit pas plus de dix minutes à la franchir.

Aussitôt arrivé, il entra dans l'église,

et, s'adressant au sacristain, il le pria de lui allumer un cierge simple.

Ce cierge, mince comme une ficelle et à peine haut de trois pouces, coûtait six liards.

Le sacristain s'empressa de se rendre au désir d'Alain et celui-ci se mettant à genoux, se signa dévotement et dit à mi-voix :

« Faites, mon bon Dieu, et vous aussi, ma bonne sainte Anne d'Auray, que si nous nous embarquons ce soir, mon maître et moi, il ne nous arrive pas malheur! »

A peine le Bas-Breton achevait-il de prononcer cette phrase, que le cierge simple, déjà consumé, s'éteignit.

Alain se releva alors et commanda au sacristain d'allumer deux cierges doubles, à trois sols pièce; puis, s'agenouillant de nouveau :

« Faites, mon bon Dieu, et vous aussi, ma bonne sainte Anne d'Auray, qu'un événement imprévu empêche, mon maître, M. le chevalier Louis de Morvan, de s'embarquer ce soir comme il en a l'intention. »

Alain regarda les cierges doubles, et voyant qu'ils brillaient toujours d'un vif éclat, il reprit :

« Faites, mon bon Dieu, et vous aussi, ma bonne sainte Anne d'Auray, que la tempête jette cette nuit plusieurs navires à la côte, et que je casse les reins à Legallec la première fois que je me battrai avec lui ! »

Enfin, lorsque, deux minutes plus

tard, les cierges s'éteignirent, Alain se releva d'un air joyeux, paya le sacristain, et s'élança hors de l'église avec la même impétuosité qu'il y était entré.

CHAPITRE DEUXIÈME.

—

LE MAQUIGNON MATHURIN.

II.

Le Maquignon Mathurin.

Au détour d'une haie, et à peu près à mi-chemin du village à la maison de son maître, le Bas-Breton dut s'arrêter court pour ne pas se jeter entre les jambes d'un cheval qui débouchait dans une direction opposée à celle qu'il suivait; toutefois, la force de son élan lui fit heurter la croupe de l'animal, qui, surpris par ce choc imprévu, bondit brusquement de côté et manqua de renverser l'homme qui le montait.

Une double exclamation de colère partit en même temps de la bouche du cavalier et de celle d'Alain. Tous les deux croyaient avoir à se plaindre l'un de l'autre.

— Bête brute, — dit le premier en ramenant à lui la bride de sa monture et en jetant un coup d'œil de travers au Bas-Breton.

— Maladroit! grommela Alain en frottant son épaule meurtrie.

— Je crois, Dieu me pardonne, que tu te fâches, maraud! s'écria le cavalier en plongeant sa main droite dans une des fontes qui contenaient ses psitolets.

Alain, comme tous les Bas-Bretons, était doué d'un courage raisonné et logique, avant de se lancer dans l'action, il tenait à avoir devant lui une chance raisonnable de succès.

Cette chance lui manquait-elle, il se faisait insignifiant et petit, et attendait patiemment l'heure de la revanche, sûr, quand elle sonnerait, de retrouver dans son cœur sa rancune aussi fraîche et aussi vivace qu'au moment où elle y était entrée.

En voyant donc le cavalier sortir à moitié de ses fontes la crosse brillante d'un pistolet, Alain comprit que son *penbas* (bâton ferré) ne pourrait lui être d'une grande utilité : il adoucit aussitôt le feu de son regard, prit un air idiot, presque hébété, et se mit à contempler son adversaire avec des yeux démesurément ouverts et dénués de toute expression

Celui-ci sourit.

— Allons, mon gars, lui dit-il en changeant [de ton, je vois que tu es un Bas-Breton pur-sang.

» Oh! il est inutile que tu fasses semblant de ne pas me comprendre. Je connais ces finesses-là. Causons plutôt de bonne amitié. J'ai plusieurs questions à t'adresser. »

Alain, quoique déconcerté intérieurement, n'en voulut pas moins continuer à jouer son rôle : il renforça son air d'idiotisme, écarquilla davantage les yeux et feignit de n'avoir pas compris un mot de ce que lui avait dit l'étranger.

A cette pantomime, le cavalier éclata de rire, et retirant d'une des poches de son pourpoint de drap brun un écu, il se pencha sur sa selle et le présenta à Alain, qui, après une légère indécision, le prit avec une extrême vivacité.

— Allons, je vois que l'intelligence commence à te revenir, s'écria le cavalier.

— Qu'est-ce que vous voulez encore? demanda Alain d'un ton brusque et en se disposant à reprendre son élan.

— Ton « encore » me plaît infiniment, mon garçon : je ne veux pas grand'chose, que tu répondes seulement, je te le répète, à quelques questions insignifiantes.

— Et c'est pour cela que vous me donnez un écu! Enfin, si c'est votre idée! parlez, je vous écoute.

— Tu es du village de Penmark, et tu connais, sans nul doute, monsieur le chevalier Louis de Morvan, n'est-ce pas?

Alain, en entendant prononcer par l'inconnu le nom de son maître, éprouva un vif étonnement; toutefois, il n'en laissa rien paraître.

— Oui, je connais M. le chevalier de Morvan, comme tout le monde le connaît, répondit-il après une courte hésitation.

— Très bien ; et quelle espèce d'homme est-ce ?

— C'est un homme comme tout le monde.

— Avec de semblables réponses, tu ne cours guère le risque de te compromettre.

— Dame ! que voulez-vous, je réponds

comme vous m'interrogez ! je suis un ignorant, moi, qui ne comprend les choses que quand on lui met le doigt dessus ! Mais, je suis pressé, je vous quitte.

— Tu as tort, dit tranquillement l'inconnu, j'allais te donner un second écu...

—Eh bien, donnez ! j'ai tout de même le temps de le recevoir.

— Non, réflexion faite, je garde cet argent pour le premier gars que je rencontrerai sur mon chemin, et qui me fournira sur le chevalier de Morvan des renseignements plus précis que ceux que tu possèdes.

Alain hésita un moment, puis, prenant enfin son parti :

— Personne n'est aussi à même que moi de connaître le chevalier de Morvan, s'écria-t-il, je suis son serviteur. Seulement, dépêchez-vous, mes minutes sont comptées.

— Ah! tu es le serviteur de de Morvan et tu ne me le disais pas, drôle!

— Dame! vous ne me l'aviez pas demandé.

— Au fait, c'est juste! Quel est le caractère de ton maître?

— Mon maître est un bon chrétien!

Le cavalier fronça les sourcils et reprit d'une voix dure et brève :

— Explique-toi plus clairement. Qu'entends-tu par ces paroles?

— J'appelle les choses par leur nom.

Je prétends que M. le chevalier est un bon chrétien, parce qu'il est bon et généreux avec les pauvres, doux comme un agneau avec les enfants, et terrible comme un loup enragé avec les méchants.

Cette réponse parut causer un sensible plaisir à l'inconnu, qui se mit à sourire.

— Ainsi, le chevalier, continua-t-il, est un gars solide, qui ne recule pas à l'occasion ?

— Si vous êtes venu à Penmark avec

l'intention de lui chercher une querelle, vous pouvez me bailler deux écus pour le conseil que je vous donne de vous sauver au plus vîte, et je vous promets que jamais de votre vie vous n'aurez mieux dépensé votre argent.

— Il tape donc bien dur, le chevalier ?

— S'il tape dur, bonne mère de Dieu ! il n'y a point son pareil à dix lieues à la ronde. Nous sommes, moi et Legallec, les deux plus solides gars de Penmark, eh bien, un jour que j'ai voulu lutter avec M. le chevalier, pour lui obéir, il m'a serré d'une telle force, que tous mes os en ont craqué, et que si ce n'était le respect que je lui devais et l'éducation que j'ai reçue, je me serais mis à crier comme un chat qu'on échaude.

— Dis-moi, a-t-il plusieurs maîtresses, le chevalier?

A cette question, Alain rougit, et, regardant le cavalier avec des yeux étincelants :

— Si vous vous figurez avoir le droit

pour deux écus d'insulter devant moi mon maître, vous vous trompez, lui dit-il. Je n'ai que mon penbas à opposer à vos pistolets ; mais, foi de Dieu ! n'y revenez plus, ou je commence la bataille!

Il fallait que l'indignation du Bas-Breton fût bien grande, pour lui faire oublier ainsi toute prudence.

Au reste, le cavalier, loin de se fâcher de ses menaces, parut ravi de ce qu'il venait d'apprendre.

— Tiens, mon garçon, lui dit-il,

voici l'écu que je t'ai promis. Je ne te retiens plus... Ah! à propos, qu'elle est la meilleure auberge de Penmark ?

— Il n'y a pas d'auberge à Penmark.

— Et ton maître, où demeure-t-il ?

— Dans cette maison solitaire que vous apercevez d'ici tout contre la plage...

— Merci et à revoir. Puisqu'il n'y

a pas d'auberge, je me logerai dans la première cabane que je rencontrerai.

— Si vous voulez croire le conseil d'un honnête gars, vous ne vous logerez nulle part, et vous ne passerez pas la nuit à Penmark! un homme qui sème sur sa route les écus comme vous faites n'aurait jamais dû venir ici!

— Oh! je connais de réputation les mœurs hospitalières des Penmarkais, répondit l'inconnu, à qui les paroles d'Alain ne parurent causer aucune émotion. Je me tiendrai sur mes gardes.

Un violent coup de tonnerre interrompit la conversation des deux hommes, qui se séparèrent, l'inconnu pour aller sans doute chercher un abri, Alain pour rejoindre son maître.

CHAPITRE TROISIÈME.

—

LE MAQUIGNON MATHURIN.

(SUITE).

III

Le Maquignon Mathurin

— SUITE —

Le serviteur bas-breton avait une confiance illimitée dans l'efficacité des cierges brûlés; aussi ne fut-il nullement surpris, en arrivant à la plage, de rencontrer son maître, qui lui apprit que, n'ayant aperçu aucun navire, ils ne devaient pas s'embarquer.

Alain, tout joyeux en songeant que si son premier souhait avait été si vîte exaucé, il ne pouvait manquer d'en être de même du second, et que par conséquent la nuit ne se passerait pas sans amener de nombreux débris sur la plage, s'empressa de hâter le pas pour atteindre la maison de son maître avant le commencement de la tempête.

De larges gouttes de pluie, qui tombaient lourdement à intervalles inégaux, annonçaient qu'elle ne devait pas tarder.

En effet, à peine le chevalier de Morvan et son domestique eurent-ils franchi le seuil de leur demeure, que l'orage éclata avec une violence inouïe : il était alors six heures.

Louis de Morvan, placé debout derrière les vitres de la fenêtre de son salon qui donnait sur la mer, contemplait d'un œil triste et mélancolique le spectacle sublime et horrible à la fois, de l'Océan en fureur : les pensées du jeune homme étaient tristes.

— Cette mer, se disait-il à voix basse et se parlant à lui-même, est l'image de mon cœur; elle est soulevée par le vent de l'orage, comme mon cœur par le souffle des passions!

» Rêves insensés, projets audacieux, désirs de mon âge, ambition sans limites, qui m'avez tour à tour enivré et brisé, n'avez-vous pas aussi abouti pour mon âme à un naufrage?

» Combien n'ai-je pas déjà espéré et souffert! mais l'Océan, lui, quand il est déchaîné, laisse au moins des marques de sa colère; tandis que moi, écrasé par l'humilité de ma position, par mon isolement, je n'ai pas même le pouvoir de peser sur la destinée du dernier des hommes : je suis à la société ce que le grain de sable est à la création, un atôme sans consistance !

» Quel être humain s'occupe de ma vie ? qui pleurerait ma mort ? personne !

» Pourtant, je suis capable d'aimer et de haïr avec passion !

» Je sens en moi cette force opiniâtre et indomptable, qui fait sortir les inconnus de la foule et les conduit au pouvoir!...

» Oui, mais il me faudrait un point d'appui, un encouragement, un conseil...

» Et qui s'intéresse à moi? je le répète : Personne!... »

Le chevalier de Morvan murmurait ces dernières paroles, quand un coup violent frappé à la porte de la maison le fit tressaillir.

Superstitieux comme la plupart des

Bretons, il crut que la Providence répondait à son désir, et lui envoyait cet ami après lequel il soupirait.

Ce ne fut donc pas sans un certain battement de cœur qu'il vit apparaître Alain.

— Notre maître, s'écria le domestique, c'est un étranger qui demande l'hospitalité pour lui et son cheval.

— Place le cheval à l'écurie et dis à cet étranger que je suis tout à ses ordres... Mais, non, arrête... il est plus convenable que j'aille le recevoir en personne...

— Il est inutile que vous vous dérangiez, le voici qui monte sans attendre qu'on l'invite.

En effet, le serviteur n'avait pas achevé de prononcer ces mots, quand le cavalier fit son apparition dans le salon.

C'était ce même inconnu que le lecteur a déjà vu interroger Alain sur le compte de Morvan, et lui donner deux écus.

Le cavalier, en entrant, jeta un rapide coup d'œil autour de lui, puis, saluant légèrement le chevalier, et lui montrant ses vêtements ruisselants d'eau :

— J'ai pensé, monsieur, lui dit-il, que mon piteux état me servirait d'introduction auprès de vous, et me voilà.

Cette brusque façon de se présenter surprit assez le chevalier ; toutefois il ne laissa rien paraître de son étonnement, il se contenta de répondre avec une froide politesse :

— Vous n'avez nullement besoin d'introducteur, monsieur ; je regarde comme un devoir et comme un honneur d'ouvrir ma porte à tous ceux qui veulent bien me demander l'hospitalité.

— Un devoir, soit; mais un honneur, c'est autre chose, — dit le cavalier en secouant sans façon devant lui son large chapeau de feutre imbibé de pluie. — Vous vous exposez à recevoir parfois fort mauvaise compagnie. Après tout, et en y réfléchissant, cette plage de Penmark est tellement peu fréquentée par les voyageurs, que votre générosité doit avoir de rares occasions de s'exercer. Quel

horrible temps! Vous permettez que je m'asseye?... On dirait le chaos!.....
Tiens! d'où vient donc ce bruit lugubre qui domine la fureur des vagues et du vent?.....

— Du *Saut-du-Moine*, répondit de Morvan avec une teinte de mauvaise humeur, car le sans-façon et les manières vulgaires de son hôte commençaient à l'impatienter.

— Qu'est-ce cela, le Saut-du-Moine!

— Un puits naturel situé entre deux rochers à l'entrée du village de Penmark, et que la mer emplit à la marée montante. La tradition prétend qu'un moine tomba dans ce puits en poursuivant une jeune fille, et que depuis lors, à l'approche de la tempête, il se plaint et gémit. La vérité est que de vastes excavations souterraines existent à cet endroit, et que cette espèce de rugissement est produit par la mer qui s'y engouffre et cherche ensuite une issue pour sortir.

— Je m'étonne que vous, Breton, donniez une explication naturelle et logique à un phénomène, reprit le cavalier en riant d'un gros rire, car il faut avouer que vous êtes, vous autres Armoricains, bien singulièrement et bien ridiculement crédules!...

Le chevalier de Morvan eut besoin, en entendant ces paroles, de se rappeler, pour ne pas les relever comme elles le méritaient, les obligations que lui imposait son rôle d'hôte.

Toutefois il ne put s'empêcher de regarder avec plus d'attention qu'il n'en avait apporté jusqu'alors, l'homme qui reconnaissait si mal son hospitalité.

Agé d'environ cinquante ans, cet individu, — vêtu comme l'étaient au dix-septième siècle les fermiers aisés et les gros marchands, — ne présentait rien de saillant dans sa personne; il avait seulement le teint extrêmement basané; son regard insignifiant dénotait une intelligence très ordinaire; sa tête fort grosse de forme et un peu carrée, s'appuyait sur un cou de taureau; sa taille épaisse, du moins elle semblait telle sous le large pourpoint qui la cachait, ne dépassait guère cinq pieds; il ne portait pas de barbe.

Quant à l'expression de physionomie de l'inconnu, elle était plutôt douce et joviale qu'impertinente ou grossière, ainsi que sa conversation aurait pu le faire supposer.

— C'est un pauvre homme mal élevé, pensa de Morvan, j'aurais mauvaise grâce à me formaliser de son manque de tact.

Le cavalier, sans paraître se douter de l'examen dont il était l'objet, avait abandonné son fauteuil et s'amusait à parcourir le salon, en s'arrêtant devant chaque meuble et chaque objet.

— Parbleu ! cher hôte, s'écriait-il

en tombant pour ainsi dire en arrêt devant un fusil accroché par deux clous à la muraille, voilà une arme bizarre et comme je n'en ai jamais vu! A quoi diable ça peut-il servir? A tirer les canards sans doute. Vous permettez, n'est-ce pas? ajouta-t-il en s'emparant, sans terminer sa phrase, du fusil, qu'il se mit à considérer attentivement et en connaisseur.

— Cette arme a été fabriquée par Gélin de Nantes, répondit complaisamment de Morvan, qui avait pris son parti sur les façons de l'inconnu; elle est d'une très grande portée et ne s'emploie pas en Europe.

— Comment elle ne s'emploie pas en Europe! et où donc alors!

— A deux mille lieues d'ici, dans les îles.

— Ah! oui, je connais; un beau pays où les récoltes poussent d'elles-mêmes en pleine terre, et sans que l'on ait à s'en occuper.

— Vous avez été aux îles? demanda de Morvan avec étonnement.

— Moi! quelle plaisanterie! Je suis marchand de chevaux, et je ne connais, dans l'univers entier, que la Normandie et la Bretagne! Seulement j'ai un de mes cousins qui est resté dix années dans ces pays de là-bas, et qui m'a raconté les choses qui s'y passent. Il paraît qu'il y fait bon vivre, et que l'on y gagne gros, quand on a le poignet solide, le coup d'œil prompt, et pas trop peur du diable.

— Ah! vous avez un cousin qui est resté dix années dans les îles! répéta lentement de Morvan, comme si son esprit eût été distrait par de graves pensées; et dites-moi, continua-t-il en fixant l'inconnu; votre cousin a-t-il réussi!

— S'il a réussi, jour de Dieu ! ah ! je crois bien ! Quand il est parti, il avait pour toute fortune un écu en poche et des chausses qui ne valaient pas trente sols ! A l'heure qu'il est, il possède plus de cent mille écus et ne va plus qu'en carrosse.

— Il a eu de la chance, dit machinalement de Morvan, en accompagnant ces paroles d'un soupir.

— Certes qu'il en a eu ! Mais il paraît que tout le monde en a là-bas ! Tenez, si j'étais jeune, moi, je n'hésiterais pas à m'embarquer, comme a fait, il y a dix ans, mon cousin, dussé-je payer mon passage à bord d'un navire au prix du travail de mes mains! Parbleu! continua le marchand de chevaux après un court silence, pourquoi donc, vous qui êtes dans la force de l'âge, ne tenteriez-vous pas l'aventure?

» Je ne vous connais pas, c'est vrai, mais il est facile de deviner, à la simple inspection de votre mâsure, que la fortune ne vous a pas comblé de ses dons..... vous m'avez même l'air d'être assez misérable!...

» Mon Dieu, ne rougissez donc pas

ainsi, et ne vous mettez pas en colère!...

» Mon intention n'est certes pas de vous être désagréable ou de vous humilier!...

» Je suis un garçon tout rond, moi, qui dit tout haut ce qu'il pense!

» Or, la vie que vous menez jure avec l'activité de votre âge!

» Que diable! quand on a vingt-cinq ans, on ne se confine pas comme un hibou, dans une vieille mâsure solitaire!

» J'aimerais mieux, moi, à votre place, me faire ermite...

» Au moins, on saurait à quoi s'en tenir sur votre compte, et l'on trouverait un mot pour désigner votre profession. »

— Je suis gentilhomme, monsieur, dit de Morvan avec hauteur et croyant couper court par cette réponse aux observations et aux conseils du maquignon ; mais son espoir fut déçu, car ce dernier s'écria en éclatant de rire.

— Parbleu, le contraire m'eût bien

étonné! Est-ce que tout le monde, en Bretagne, n'est pas gentilhomme? Elle est jolie au reste votre baronnie!... quatre murs lézardés et un toit qui menace ruine! Si votre castel en impose à vos vassaux, il faut que ces braves gens...

— Je vous prie, monsieur, de cesser cette conversation, dit de Morvan avec une froideur impérieuse et en se levant, le visage pâle et les lèvres décolorées, par suite de l'effort qu'il faisait pour paraître calme et ne pas laisser éclater la colère qui grondait en lui : j'ai assez largement fait la part de l'hospitalité que je vous accorde et de votre manque complet d'éducation, pour avoir à présent le droit de vous imposer silence. Vous voudrez bien, pendant le temps que vous résterez encore ici, ne plus m'adresser la parole qu'autant que je jugerai à propos de vous interroger. Comment vous nommez-vous, monsieur?

— Mathurin, répondit le maquignon sans paraître le moins du monde ému de la violente apostrophe du jeune homme.

— Eh bien! monsieur Mathurin,

descendez à la cuisine où vous trouverez mon domestique qui vous donnera ce dont vous pouvez avoir besoin; je désire rester seul.

Le maquignon Mathurin, obéissant à ce congé si cruellement formulé, se dirigea docilement vers l'escalier sans que rien ne décelât dans sa contenance et son maintien la honte ou la colère.

Cette résignation fit regretter à de Morvan sa dureté; il se dit qu'il n'aurait pas dû s'emporter contre un homme dont tout le tort était dans son ignorance du savoir-vivre, et il se promit de racheter, par ses prévenances, la façon brutale avec laquelle il avait agi.

Aussi, lorsqu'une heure plus tard, son domestique Alain vint l'avertir que le souper était servi, de Morvan, en entrant dans la cuisine — qui servait aussi de salle à manger — s'en fut droit à Mathurin et lui tendit la main en disant :

— Je recommande, mon cher monsieur, à votre indulgence, le mauvais repas qui vous attend. N'oubliez point, je vous prie, que vous m'avez pris à l'improviste.

Le maquignon serra avec bonhomie la main du gentilhomme et s'assit sans mot dire; quant à Alain, il se plaça, suivant l'usage breton, au haut bout de la table.

La première partie du souper se passa dans un grand silence; ce fut en vain que de Morvan essaya à deux ou trois reprises différentes, d'engager la conversation.

Mathurin accueillit chaque fois les paroles du jeune homme par un signe de tête approbatif, accompagné d'un bon sourire, mais il ne prononça pas un mot.

D'assez mauvaise humeur de voir que ses avances n'avaient abouti à rien, de Morvan se pressait, afin de quitter la table, d'achever la tranche de viande froide placée dans son assiette, lorsque Alain, fort occupé de son côté à vider une énorme écuelle pleine de bouillie de sarrazin, s'interrompit au beau milieu de son exercice gastronomique, et regardant son maître d'un air effaré :

— Avez-vous entendu, monsieur le chevalier ? lui demanda-t-il.

— Ce dernier coup de tonnerre? Certes! Pourquoi cette question?

— Pour rien, dit Alain en replongeant à moitié sa tête dans son écuelle.

— Ce coup de tonnerre annonce-t-il donc, d'après toi, la fin ou le redoublement de l'orage?

— Pour moi, monsieur le chevalier! il ne m'annonce rien du tout! répondit Alain en ingurgitant une énorme cuillerée de bouillie. J'ai parlé pour parler.

Une minute s'était à peine écoulée,

que le chevalier, repoussant loin de lui son assiette, parut écouter à son tour avec une extrême attention le bruit de l'orage.

— Mais ce n'est point le tonnerre ! s'écria-t-il en abandonnant vivement sa place et en se dirigeant vers la porte, c'est le canon !...

— Pardi, je le savais bien, moi ! murmura Alain, ce sont mes cierges qui réussissent... Merci, notre brave Sainte-Anne, je vous revaudrai ça...

— Alain, dit de Morvan, qui, l'oreille

appliquée contre la porte, venait de saisir au passage une seconde détonation, vîte, vîte les avirons, mon gärs! C'est un navire en détresse qui nous appelle!...... Partons!...

— Partir, répéta le Bas-Breton avec accablement ; mais autant vaudrait se jeter la tête baissée dans le *Saut-du-Moine*, que de se mettre en mer par le temps qu'il fait...

— Tu as peur, Alain ; en ce cas, reste.

— Foi de Dieu! oui, j'ai peur !

— Peur d'abord de te noyer, poursuivit de Morvan ; peur ensuite de rencontrer Legallec, qui voudra peut-être s'opposer à notre embarquement.

— Moi, peur de Legallec, s'écria Alain, ah! pour ça, non! Ne lui ai-je donc pas déjà cassé quatre dents?

Le souvenir de la prière qu'il avait faite dans la journée en offrant ses cierges à Sainte-Anne-d'Auray se présenta alors à la mémoire du Bas-Breton; il s'imagina aussitôt que ce navire en détresse était un moyen ingénieux dont se servait sa sainte favorite pour lui fournir une occasion de rompre les reins à

Legallec, et, plein d'enthousiasme, il se précipita sur de lourds avirons, placés dans un des coins de la cuisine, les chargea sur ses épaules, et s'adressant à son maître :

— Je suis prêt, monsieur le chevalier, lui dit-il, partons !

— Laisse-moi aller prendre d'abord mes pistolets et mon manteau, dit de Morvan, qui gravit rapidement l'escalier du salon et revint presque aussitôt : à présent, en route !

Le maquignon Mathurin, qui n'avait

pas bougé de place, se leva et, saluant profondément son hôte :

— Monsieur le chevalier, lui dit-il d'une voix grave, vous m'aviez ordonné de ne plus vous adresser la parole qu'autant que vous jugeriez à propos de m'interroger, et je vous ai obéi. Me permettrez-vous à présent, vu la gravité des circonstances, d'enfreindre votre défense pour solliciter l'honneur de vous accompagner dans votre expédition ? Je ne suis pas un marin, c'est vrai, mais enfin tout le monde sait à peu près se servir d'une rame, et je crois que, par la tempête qui règne, deux bras de plus dans une frêle embarcation, ne sont pas à dédaigner.

Cette demande à laquelle il était si loin de s'attendre, causa au jeune homme une émotion profonde, qu'il n'essaya pas de dissimuler.

— J'accepte, monsieur, lui répondit-il simplement, vous êtes un noble cœur, que j'ai gauchement méconnu, daignez, je vous en conjure, oublier le passé et me pardonner ma sotte vivacité.

— Bah! il s'agit bien du passé! chaque minute que nous gaspillons peut valoir la vie d'un homme! En avant! dit le maquignon.

CHAPITRE QUATRIÈME.

—

LE NAVIRE EN DÉTRESSE.

IV

Le navire en détresse.

Lorsque les trois hommes sortirent pour porter secours au navire en détresse, la côte de Penmark présentait un spectacle lugubre et étrange.

La classique vache au fallot, qui servait à tromper les marins en mer, se promenait en boitant, accompagnée d'une foule hideuse de femmes, les cheveux épars, les vêtements en désordre, et qu'une âpre cupidité rendait insensibles aux atteintes de la tempête.

Des hommes armés de coutelas et de longues gaffes au fer meurtrier, erraient, semblables à de noirs fantômes, le long des rochers.

Çà et là, on apercevait un Penmarkais agenouillé sur la plage et priant Dieu de lui envoyer de nombreuses victimes ; on eût dit une population entière de Cannibales ou de bourreaux.

Quoique la nuit fût sombre, la marche du chevalier de Morvan et celle de ses deux compagnons, trahie par la lueur des éclairs, ne tarda pas à être connue des habitants de Penmark.

Peu à peu ceux-ci se réunirent, en les suivant, et lorsque les trois hommes arrivèrent à l'endroit où était placé leur embarcation, ils se trouvèrent entourés par la foule.

De Morvan, c'était le parti le plus sage

qu'il avait à prendre, feignit de ne pas remarquer cette manœuvre, et se mit tranquillement, aidé par Alain, à retirer son embarcation de derrière le rocher où elle était à l'abri.

Quoiqu'il déployât dans cette tâche toutes ses forces et toute sa vigueur, il ne cessait de guêter du coin de l'œil la foule qui se rapprochait de plus en plus de lui ; enfin, voyant que plusieurs habitants de Penmark touchaient presque déjà ses vêtements, il sauta dans l'embarcation, et prenant ses pistolets qu'il arma :

— Mes gars, dit-il aux Penmarkais, je

crains que quelques-uns d'entre vous ne soient sur le point de commettre un péché, de tomber en faute. Croyez-moi, il vaut mieux pour vous que vous vous occupiez de vos affaires que des miennes. Vous me connaissez assez pour savoir que quand je dis une chose je la fais; eh bien ! je jure, foi de Morvan, que je tuerai comme un chien le premier de vous qui osera faire un pas en avant!...

Ces paroles, prononcées avec un calme plein d'énergie, firent reculer les Bas-Bretons, mais n'empêchèrent pas leurs murmures.

— Monsieur le chevalier de Morvan, dit une voix sortant de la foule, vous devriez, vous qui êtes de la noblesse, tenir compte davantage des droits du petit peuple, sans cela, on ne respectera pas vos priviléges ! Le bien de Dieu est notre propriété, n'y touchez pas !

— Monsieur le chevalier, murmura Alain à l'oreille de son maître, c'est Legallec. Tenez-vous sur vos gardes, ce gars-là foisonne de traîtrises.

De Morvan allait répondre, mais trois nouveaux coups de canon qui se succédèrent avec rapidité, appel désespéré du navire en détresse, lui firent préférer l'action à la parole, et il acheva de mettre son embarcation à flot.

Alain, comprenant à l'attitude des Penmarkais qu'une collision était imminente, regarda autour de lui pour savoir, où il pourrait se joindre avec Legallec.

Il aperçut son ennemi au beau milieu de la foule.

Cette découverte le décida à suivre l'exemple de son maître; il se jeta vivement à la mer et courut, ayant de l'eau jusqu'au genou, rejoindre le bateau, distant d'une trentaine de pieds environ de la plage.

Cette fuite encouragea l'arrogance des Penmarkais ; aussi, au moment où le maquignon Mathurin allait rejoindre ses deux compagnons, se vit-il entouré par une foule menaçante et furieuse.

Mathurin, jusqu'alors plutôt spectateur qu'acteur, n'avait rien perdu de son air bonhomme et paisible.

Il semblait ne pas se douter, — soit

défaut d'intelligence, soit courage réel, — des intentions hostiles des riverains à son égard.

— Celui-là au moins ne s'embarquera pas! s'écria Legallec en le saisissant par son pourpoint. Gare à lui si nous sommes privés du bien de Dieu!

— Mon ami, dit doucement le maquignon en s'adressant à l'ennemi d'Alain, si vous avez le droit de me retenir, il est inutile que vous me déchiriez mes vêtements, expliquez-moi ce droit, et je resterai sans me faire prier; si vous agissez de votre autorité privée, alors c'est tout différent, prenez garde, je me fâcherai.

— Mathurin, venez donc! cria en ce moment de Morvan qui ignorait la position critique de son hôte.

— Cher ami, dit le maquignon en se retournant vers Legallec, vous l'entendez, on m'appelle. Vîte, je n'ai pas de temps à perdre, expliquez-moi, je vous le répète, de quel droit vous me retenez ou bien laissez-moi partir.

— Du droit du plus fort! répondit Legallec en levant son penbas.

— En ce cas, il est naturel que j'use du même droit pour m'en aller, s'écria le paisible Mathurin qui, sautant avec une impétuosité de tigre sur le bâton ferré du Breton, le lui arracha des mains et se précipita sur la foule.

Les Bretons manient avec une rare adresse le penbas ; toutefois, la façon merveilleuse avec laquelle Mathurin fit voltiger le sien, dépassait de beaucoup, en fait d'habileté, tout ce qu'ils avaient vu jusqu'à ce jour.

En moins de dix secondes, trois Penmarkais gisaient à moitié tués aux pieds du maquignon ; inutile d'ajouter que la foule menaçante et hurlante, qui naguère l'entourait, s'était dissipée comme par enchantement.

— Je regrette de m'être mis en colère, dit Mathurin aux fuyards, car la douceur est le fond de mon caractère. La faute en est à vous, je vous avais avertis !

Le maquignon, toujours armé du penbas de Legallec, entra à son tour dans la mer, et ne tarda pas à rejoindre, — mais sans se presser, — l'embarcation où de Morvan et Alain étaient déjà installés.

— Désirez-vous que je me mette au gouvernail ? demanda-t il au chevalier.

— Savez-vous donc conduire une barque ?

— Ma foi, pas trop ; ce n'est pas mon métier.

— Alors, prenez un aviron et nagez de conserve avec Alain. Je resterai, moi, à la barre.

Mathurin, sans raconter au jeune homme le danger qu'il venait de courir, ni la façon aussi intrépide qu'heureuse dont il s'en était tiré, s'assit sur le banc parallèle à celui qu'occupait déjà Alain, et laissant tomber sa rame dans l'eau, se contenta de dire :

— Je suis prêt.

Décidément, Mathurin rachetait par de sérieuses qualités son manque d'éducation ; il savait, selon l'occasion, se taire ou agir.

L'embarquement des trois compagnons de fortune n'avait pas — à l'opposition près des Penmarkais — rencontré jusqu'alors de sérieuses difficultés.

Le danger ne commença guère pour eux, mais il fut alors terrible, qu'une fois que leur bateau eut franchi l'espèce de crique, garantie par d'énormes rochers de la fureur de la tempête, qui les séparait de la mer.

Jamais l'Océan n'avait présenté un plus horrible spectacle.

Un pilote eût reculé devant une pareille tempête et failli à son devoir.

Le vent venant du large et portant sur

la terre, rendait la tâche des trois hommes presque impossible : repoussés sans cesse, ils avançaient à peine, en vingt coups de rames, d'une longueur de bateau.

— Prenez garde, monsieur le chevalier, dit vivement Alain, je viens d'apercevoir, à la lueur d'un éclair, là, sur ce rocher dont cent pas nous séparent à peine, un homme armé d'un mousquet.

— Bah! la nuit est trop sombre et la lueur des éclairs trop fugitive, pour que la balle de ce mousquet — en supposant toutefois que ce ne soit pas une gaffe — puisse m'atteindre, répondit de Morvan avec insouciance.

— Ohé! là-bas du canot, cria en ce moment, du haut de son rocher, l'homme armé signalé par Alain; ohé! là-bas du canot! Bon voyage. N'oubliez pas s'il vous arrive malheur que c'est aujourd'hui vendredi.

Ces paroles produisirent une telle impression sur le chevalier de Morvan et sur son domestique que le premier lâcha la barre, le second son aviron, et que l'embarcation, prise de travers par une énorme vague, manqua de chavirer et s'emplit à moitié d'eau.

—Si c'est comme cela que vous manœuvrez, dit Mathurin de sa voix la plus tranquille, il est inutile que vous songiez à porter secours à autrui ; je suis plutôt d'avis que nous retournions à terre.

— C'est pourtant vrai! c'est aujourd'hui vendredi, répéta Alain accablé par cette horrible découverte.

— Imbécille! reprit Mathurin, t'arrive-t-il donc cinquante-deux malheurs par an ? Non ! Eh bien, alors, pourquoi calomnier les vendredis.

— Ah! mais, s'écria presque aussitôt Alain avec joie, que je suis donc bête! J'oubliais que je possède attachée à mon col, une médaille de Sainte Anne d'Auray. Cette médaille est plus puissante que le vendredi, l'on a jamais vu rien arriver de fâcheux à ceux qui la portent sur eux.

Alain, ranimé par cette pensée, et le chevalier de Morvan par la présence de Mathurin, devant qui il ne devait pas faiblir, reprirent l'un la barre, l'autre son aviron, et l'embarcation recommença à danser sur la crête des vagues.

Guidés seulement par les coups de canon qu'on tirait à intervalles inégaux sur le navire qu'ils voulaient sauver, les aventuriers se dirigeaient à peu près au hasard.

La nuit était si sombre, la mer si agitée qu'il n'était guère possible de distinguer à plus d'une demi-encablure de distance.

Le chevalier de Morvan, assis à la barre, déployait une prodigieuse habileté unie à un extrême sang froid ; son serviteur Alain et le maquignon Mathurin le secondaient dignement :

ce dernier surtout, quoiqu'il eût déclaré ne pas connaître grand'chose à la marine, se servait de son aviron avec une précision et une adresse inconcevables.

Vingt fois, ils furent sur le point d'être submergés, et vingt fois leurs efforts réunis, énergiques et intelligents les sauvèrent d'une catastrophe qui semblait inévitable.

CHAPITRE CINQUIÈME.

LE SAUVETAGE.

V.

Le Sauvetage.

Le hasard parut enfin vouloir les récompenser de leur héroïque constance.

Vers les trois heures du matin, il y en

avait six qu'ils luttaient ainsi contre la violence de la tempête, le vent fléchit et la mer se calma un peu ; de Morvan profita de cette espèce de trêve pour consulter ses compagnons, car depuis la veille, il ne leur avait pas adressé une fois la parole.

— Je regrette, mes amis, leur dit-il, — rien ne nivelle entre les hommes les distinctions et les distances, comme un danger imminent. — Je regrette, mes chers amis, que vous ne puissiez me remplacer à la barre, vous devez être exténués de fatigue !..... Reposez-vous un moment sur vos avirons, pendant que je vais essayer de m'orienter.

— Je ne connais rien aux exercices maritimes et je fais probablement une détestable besogne, lui répondit Mathurin, mais quant à être fatigué, je ne le suis pas. Toutefois, je boirai volontiers une gorgée d'eau-de-vie.

— Rien de plus facile, dit de Morvan en dépliant son manteau dans lequel il avait mis ses pistolets pour les garantir de l'atteinte de la mer, j'en ai justement emporté une bouteille avec moi. Prenez.

— Votre cognac est un peu léger; n'importe, il fait tout de même plaisir! s'écria le maquignon, qui passa bientôt après à Alain la bouteille à moitié vidée. Eh bien, monsieur le chevalier, vous êtes-vous orienté? Quant à moi, si j'osais, malgré mon ignorance, émettre un avis, je dirais que nous n'avons guère avancé de plus d'une demi-lieue dans la direction ouest de Penmark et que nous nous trouvons tout au plus à cinq cents pas de la côte.

— Votre appréciation est parfaitement exacte.

— Ah bah! reprit le maquignon en

riant d'un gros rire, il paraît que je possède, sans m'en douter, des dispositions pour la navigation. Cette découverte me donne de l'amour-propre et m'enhardit à vous adresser une question, monsieur le chevalier. Quel a donc été, je vous prie, votre projet en vous embarquant ?

— Mais d'aller au secours, — vous le savez tout aussi bien que moi, — des malheureux qui implorent notre pitié et comptent sur notre courage.

— Certes, je sais cela : aussi n'est-ce point ce que je vous demande. Je voudrais apprendre de quelle façon vous espérez vous rendre utile à ces pauvres diables.

— D'une façon bien simple ; en leur servant de pilote pour les empêcher de tomber entre les mains des Penmarkais !

— Vous savez donc piloter les navires ?

— J'ai déjà accompli deux voyages en Islande, et la côte de Penmark m'est parfaitement connue. Je ne demande qu'une grâce à Dieu, celle de mettre les pieds sur le pont du navire en détresse, avant qu'il n'ait touché. S'il n'a pas subi d'avaries tout à fait majeures et qu'il soit sensible encore au gouvernail, je m'engage sur ma tête à le conduire sans accident en lieu sûr.

Le chevalier de Morvan parlait encore, quand une violente détonation fit frémir l'embarcation de l'avant à l'arrière.

C'était le navire inconnu qui, à peine éloigné d'une encablure de ses sauveurs, tirait son dernier coup de canon.

Le gentilhomme donna une violente impulsion au gouvernail ; Mathurin et Alain se remirent à nager avec ardeur, et cinq minutes ne s'étaient pas écoulées, qu'ils se trouvaient en présence d'un gros trois-mâts.

— Malédiction ! s'écria de Morvan, ce navire est perdu sans ressource ! il est enclavé sur la roche de la *Tête-du-Diable !*

Le trois-mâts naufragé présentait un bien terrible spectacle.

Incliné sur sa hanche de tribord et

menacé à chaque instant d'être englouti, il retentissait des cris de désespoir et de désolation poussés par l'équipage.

— Je crois, dit Mathurin en s'adressant à de Morvan, que le seul parti qui nous reste à prendre est celui de la retraite. La position de ce navire est désespérée, aucun effort humain ne pourrait le sauver. Ne vaudrait-il pas mieux profiter du calme relatif et momentané de la mer pour regagner la terre? Qui sait si, dans une heure d'ici, il nous sera encore donné d'opérer notre retour!

— Oui, mon maître, allons-nous-en, ajouta Alain, qui désirait assister à la curée *du bien de Dieu.*

— Silence! s'écria le jeune homme, je vous demande de l'obéissance et non des conseils! Sauver ce navire est, je le sais aussi bien que vous, une chose impossible : mais peut-être parviendrons-nous à arracher quelque victime à la mort!

— Notre embarcation, maître, vous ne l'ignorez pas, cesse de gouverner quand elle est montée par plus de sept personnes, hasarda timidement Alain.

— Eh bien! nous ne sommes que trois : comptes-tu donc pour rien la vie de quatre hommes!

— C'est pas grand' chose, dit tranquillement Mathurin, cependant pour ne pas revenir honteusement et les mains nettes de notre expédition, rapportons quelques naufragés..... Ça nous fournira une contenance.

Un coup de barre adroitement donné fit tourner l'embarcation et la plaça bord à bord avec le côté incliné du navire.

Les gens de l'équipage du trois-mâts, en voyant arriver ce secours inattendu, se portèrent en foule vers la barque dans l'intention d'y chercher un refuge.

— Éloignons-nous! s'écria Mathurin. Ces drôles sont capables, en envahissant notre canot, de le faire chavirer.

Le conseil était bon ; de Morvan s'empressa de le suivre.

Alors se passa une de ces scènes horribles et sublimes tout à la fois qui sont si communes dans la vie des gens de mer.

Un homme petit, maigre, d'un teint jaune et bilieux, d'une apparence chétive, et qui ne devait être doué d'aucune force physique, se précipita, la hache à la main, au beau milieu des matelots et leur ordonna d'une voix impérieuse de se disperser.

— Misérables, leur disait-il avec énergie, depuis quand donc les marins fuient-ils en abandonnant lâchement derrière eux, des femmes et des passagers qui ont bien voulu se fier à leur honneur ? Vous n'aurez le droit de songer à votre salut qu'après avoir assuré celui du comte et de sa fille ! Par la barbe de Charles-Quint, je fendrai la tête au premier de vous qui tentera de passer dans le canot! Allons, mademoiselle, continua le petit homme en se retournant du côté du pont, il n'y a pas de temps à perdre, venez.

A la façon d'agir de cet homme, de Morvan et Alain reconnurent en lui le capitaine du navire naufragé; quant aux paroles qu'il venait de prononcer, ils ne purent en saisir le sens, car il s'était exprimé en espagnol.

Si le gentilhomme breton et son serviteur, absorbés par l'attention qu'ils portaient à ce qui se passait sur le pont du trois-mâts, eussent songé alors à regarder Mathurin, leur étonnement eût été profond à la vue du changement qui s'était opéré en lui : les yeux brillants et le regard sombre, les sourcils contractés, les narines gonflées, le col tendu et la lèvre supérieure relevée par une expression indéfinissable de haine sauvage, le maquignon n'était plus reconnaissable.

A la voix de leur chef, les matelots du navire naufragé abandonnèrent sans murmurer leur dessein.

De Morvan, qui s'était approché du trois-mâts, vit apparaître de nouveau le capitaine, non plus seul, cette fois, mais accompagné d'une jeune fille.

Le gentilhomme breton comprit aussitôt ce que l'on demandait de lui, et profitant d'une vague qui souleva le canot à la hauteur du navire, il saisit un hauban et sauta sur le pont.

Le capitaine lui adressait vivement la parole en espagnol, lorsqu'un homme vêtu de noir, à la barbe grisonnante, à l'air fier et hautain s'approcha du chevalier et lui dit d'une voix calme, en s'exprimant en français.

— Le capitaine vous prie, monsieur, de sauver d'abord ma fille, puis de nous envoyer du secours dès que vous aurez atteint la terre.

Les secondes valaient des heures : de Morvan sentit que s'il entrait dans des explications il compromettrait inutilement son retour ; aussi se hâta-t-il de répondre à l'homme vêtu de noir.

— Aidez-moi donc, monsieur, à sauver votre fille.

Passant alors son bras gauche autour de la taille de la jeune femme, et de sa main droite se soutenant aux haubans il attendit qu'une nouvelle lame amenât le canot à la hauteur du pont du navire.

— Mon père, s'écria la pauvre et généreuse enfant en essayant de se débattre sous l'étreinte de Morvan, je ne veux me sauver qu'avec vous ! Si vous restez, je reste.

— Je te suis, Nativa, ne crains rien ! mais au nom de ta mère, n'oppose pas de résistance aux efforts de ce généreux étranger.

Le père de la jeune fille parlait encore quand de Morvan, saisissant un moment favorable qui se présentait, s'élança dans la barque avec son précieux fardeau.

L'équipage du navire naufragé oublia un moment son affreuse position, pour ne s'occuper que de la hardiesse de Morvan et du danger que courait la jeune fille.

Un double cri d'effroi d'abord, puis

de joie ensuite, poussé spontanément par trente bouches retentit, lorsque de Morvan atteignit l'embarcation et y déposa sans accident celle que l'homme vêtu de noir avait appelé Nativa.

— Mon père, dit la jeune fille en tendant ses bras vers lui, venez, venez, je vous en conjure.

L'homme à l'air fier et aux cheveux grisonnants imita la manœuvre de Morvan; il se cramponna, se tenant en dehors du navire, à un hauban, puis s'élança, lorsqu'il se vit à portée du canot.

Le maquignon Mathurin, soit maladresse, soit un funeste hasard, poussa alors violemment la barque au large, en appuyant son aviron contre le flanc du navire, et le malheureux tomba à la mer.

Un cri se fit entendre; Nativa s'affaissa évanouie au fond du canot.

Les quelques secondes qui suivirent cet accident furent solennelles.

De Morvan qui, au premier moment, avait paru hésiter sur le parti qu'il devait suivre, se dépouilla de son manteau, et avant que son serviteur Alain ou le maquignon pussent songer à le retenir, il franchit d'un bond le bord de la barque et se jeta à l'eau.

— Mille tonnerres de tonnerres, s'écria Mathurin en sortant pour la première fois du sang froid qu'il avait jusqu'alors montré, ce n'est pas là de la générosité, c'est de la démence.

Déjà le maquignon se reprochant le malheur, involontaire sans doute, dont il était cause, se disposait à commettre une folie semblable à celle qu'il venait de condamner; lorsqu'il vit le chevalier, tenant de sa main gauche l'étranger par les cheveux, se saisir avec la droite d'un cordage qui pendait en dehors du navire.

— Allons, du courage, mon enfant, lui cria-t-il en lui tendant son aviron, que le chevalier, grâce à une rare présence d'esprit, put saisir, du courage, vous voilà sauvé!

En effet, une minute plus tard, de Morvan, et l'inconnu qui lui devait la vie, se trouvaient dans le canot; seulement l'étranger avait perdu connaissance.

Cette scène dramatique avait à peine duré cinq minutes.

— Allons, reprit le maquignon; à présent nageons ferme, et tâchons de gagner le rivage avant que la tempête ne recommence.

Tous ces événements s'étaient passés si rapidement que de Morvan n'avait pas même remarqué le visage de Nativa; aussi, lorsque plus tranquille d'esprit, il regarda la jeune fille qui gisait inanimée à ses pieds, laissa-t-il échapper une exclamation d'admiration et d'étonnement.

A cette exclamation, le maquignon Mathurin haussa les épaules d'un air de mépris et de colère, et appuya sur son aviron avec une telle force qu'il le fit plier aux deux tiers de sa longueur.

CHAPITRE SIXIÈME.

—

LA FILLE D'UN GRAND D'ESPAGNE.

VI

La Fille d'un grand d'Espagne.

Nativa, à l'époque où commence cette histoire, avait dix-sept ans.

Née sous le soleil brûlant du tropique, et par conséquent d'une extrême précocité, elle était déjà, quoique à peine au sortir de l'enfance, dans toute la splendeur et le développement de sa beauté.

Jamais de Morvan, dans les rêves les plus insensés de sa solitude, n'avait entrevu, même flottante et indécise, une image qui se rapprochât de l'adorable perfection de Nativa.

Aussi, à peine son regard eut-il glissé sur les lignes admirables que présentait le corps de la jeune fille, qu'il se sentit comme étourdi par une révélation merveilleuse : il devina des horizons nouveaux, comprit que sa rude et brumeuse Bretagne n'était qu'un point insignifiant perdu dans l'immensité de l'univers, et un poignant regret le saisit au cœur en songeant aux belles années qu'il avait si sottement égrenées au milieu des rochers déserts de la côte de Penmark.

La femme créole a été presque toujours grotesquement travestie dans les récits des romanciers d'Europe : nous demanderons donc la permission au lecteur de la lui présenter telle qu'elle existe, avec ses perfections et ses défauts.

La créole n'est point, ainsi que des romanciers crédules ou qui avaient intérêt à l'être, l'ont souvent écrit, sur la foi de voyageurs qui n'avaient jamais voyagé, une Messaline avide de honte, une maîtresse exigeante qui stimule l'amour faiblissant d'un amant avec la pointe d'un poignard; une coquette impitoyable qui triomphe et se raille des souffrances de ses victimes et se fait un piédestal de leur désespoir; loin de là!

La créole véritable est souverainement bonne et compatissante: crédule et naïve comme une enfant, elle déroute les psychologistes les plus profonds, par une simplicité et une candeur de caractère qu'ils ne comprennent pas et qu'ils croient par conséquent devoir expliquer d'une façon dramatique.

D'une fidélité ordinairement remarquable et qui tranche avec le gracieux laisser-aller de ses manières, la créole fait de son amour sa religion : à l'abnégation de l'esclave, elle joint le dévoûment intelligent de la femme ; elle sait aimer un sot sans s'apercevoir qu'elle lui est supérieure, et une seule illusion suffit pour la conduire doucement, à travers la vieillesse, jusqu'à la tombe.

A présent, — et ainsi s'explique pour moi l'erreur des voyageurs qui ont voyagé — supposez une créole indignement trompée au début de la vie : elle cesse d'être une femme, elle devient une tigresse en fureur!

Une fois violemment jetée hors de sa nature douce et nonchalante, elle ne distingue plus le bien du mal : il lui faut, dût son désir causer la perte de l'Univers, accomplir sa vengeance ; alors elle marche à son but, droit devant elle, foulant tout à ses pieds, famille, religion, reconnaissance, vertu ; on ne saurait trop le répéter, cette femme présente une exception, et il serait souverainement injuste de la confondre avec la véritable créole.

Revenons à Nativa.

Les tresses à moitié défaites de ses cheveux noirs, d'une finesse, d'un lustre et d'une profusion rares, inondaient, en l'encadrant admirablement, son visage, d'une coupe ovale parfaite; rien d'intelligent, de doux et d'énergique à la fois comme le regard de ses grands yeux, d'un bleu sombre et velouté; son nez, d'une forme droite irréprochable n'avait rien de ces arêtes délicates, mais un peu dures et tranchées, qui défigurent, sans que l'on puisse s'en rendre compte, les plus jolis visages, en leur donnant un caractère de résolution en désaccord avec la timidité et la faiblesse féminines, ces deux grâces irrésistibles qui séduisent les yeux par le cœur.

Quant à sa bouche, c'était celle d'une enfant : seulement ses lèvres nuancées du plus vif incarnat, plutôt épaisses que minces, et dessinées avec une rare perfection, annonçaient une sève et une puissance que ne possède pas l'adolescence.

Au moment où de Morvan remarqua pour la première fois Nativa, la jeune fille n'était pas telle que nous venons de la dépeindre : la violente émotion qu'elle avait éprouvée, en voyant son père tomber à la mer, avait jeté la pâleur et l'immobilité de la mort sur son adorable visage.

Toutefois sa beauté, au lieu de disparaître, n'avait fait que se métamorphoser ; de triomphante, elle était devenue touchante.

La première pensée du gentilhomme breton fut d'abandonner la barre et de secourir la jeune fille; peut-être, sans une vague furieuse qui vint, avertissement salutaire, le rappeler à la réalité, eût-il commis cette imprudence, qui, dans leur position critique, se serait fatalement changée en catastrophe.

— Mille tonnerres! s'écria le maquignon Mathurin, à qui l'intention de Morvan n'avait sans doute pas échappé; mille tonnerres! prenez donc garde, monsieur le chevalier, il est un temps pour tout!

A cette apostrophe, sinon grossière, au moins de mauvais goût, de Morvan rougit malgré lui et garda le silence.

Presque au même instant, Nativa reprit connaissance.

— Mon père, mon bon père, dit-elle en s'asseyant au fond de l'embarcation et en plaçant sur ses genoux la tête de l'homme à l'air fier et aux cheveux grisonnants, c'est moi, votre fille, Nativa, qui vous appelle... Pourquoi ne me répondez-vous pas?... Monsieur, continua la pauvre enfant en s'adressant en français à de Morvan, car elle s'était exprimée en espagnol en parlant à son père, monsieur, je vous en conjure, venez à mon secours! Oh! vos soins seront généreusement récompensés; mon père est riche, très riche, et il ne regarde pas à l'or!...

A ces paroles de Nativa, de Morvan se sentit rougir de nouveau et éprouva un mouvement de rage folle et sans objet.

— Faites-vous donc noyer pour vous entendre jeter de pareils compliments à la tête, dit tranquillement Mathurin. Ah! maudite race espagnole, continua-t-il en baissant la voix et comme se parlant à lui-même, race sans grandeur et sans entrailles, qui ne croit qu'à la puissance de l'or, et ne comprend ni l'abnégation, ni le dévoûment, quand donc disparaîtras-tu à jamais de la terre!

— Mademoiselle, répondit de Morvan en faisant un effort sur lui-même pour ne rien laisser paraître de son émotion, vous vous méprenez étrangement sur le caractère et sur la position de ceux qui ont en ce moment l'honneur de jouer leur vie pour essayer de sauver la vôtre. Je suis, moi, un gentilhomme, et les deux personnes qui m'accompagnent m'ont suivi par pur dévoûment!...

— Je vous demande pardon, monsieur, lui dit la jeune fille en rougissant à son tour, j'ai cru deviner à vos vêtements...

— Je conçois votre erreur, interrompit de Morvan; en effet, je ne diffère probablement en rien, ni par le langage, ni par les manières, ni surtout, comme vous venez de le faire observer, par les vêtements, du vagabond sans aveu qui traîne de ferme en ferme sa honteuse oisiveté !... Mon apparence est celle d'un homme qui doit accepter avidement, en remerciant le ciel de cette bonne aubaine, l'aumône que lui jette la pitié ou le caprice du riche !... Vour n'avez, vous le voyez, mademoiselle, aucune excuse à m'adresser!...

Nativa comprit au ton d'amertume avec lequel le jeune homme fit cette réponse, combien elle avait dû le blesser.

Elle allait réitérer avec plus de force ses excuses, quand une vague énorme heurta l'embarcation, qu'elle manqua de renverser.

Entraînée par ce choc de dessus les genoux de sa fille, où elle reposait, la tête du père de Nativa alla frapper avec violence contre les parois de l'embarcation.

Cette terrible secousse tira l'inconnu de son évanouissement.

Il balbutia d'abord quelques mots incohérents et sans suite; puis, bientôt il reconnut sa fille, lui sourit doucement, et se replaça de lui-même dans la position première qu'il occupait, tout en murmurant :

— Je suis brisé, je n'en puis plus !

Une fois rassurée sur le sort de son père, la jeune espagnole leva ses grands beaux yeux bleus sur de Morvan, et lui dit d'une voix caressante :

— Pensez-vous, monsieur, que le succès doive couronner votre dévoûment! Avons-nous encore quelques chances de salut?

— Nous sommes aidés par la marée, et si le vent continue toujours à souffler du large, avant une demi-heure nous aurons atteint la plage.

— Que de reconnaissance ne vous

dois-je pas, monsieur, dit Nativa rêveuse.

— Aucune, mademoiselle, répondit froidement le jeune homme. Ce n'est pas parce que c'était *vous* qui étiez en danger que je suis venu à votre secours — car je ne vous connaissais pas — j'ai tout bonnement obéi à la voix de l'humanité et de ma conscience. Ce que j'ai fait pour vous, je l'eusse fait pour tout le monde.

— Mais mon père, monsieur; mon pauvre père qui, sans votre héroïque courage, ne serait plus!

— Je me serais également jeté à la mer pour sauver un matelot, mademoiselle.

Les réponses froides et sèches de Morvan produisirent un effet bien différent sur deux des personnes que contenait l'embarcation :

Une teinte de tristesse, semblable à un de ces nuages légers qui, a peine formés, disparaissent l'été dans l'azur du ciel, passa sur le visage de la jeune fille ; tandis qu'un sourire joyeux et approbateur épanouit les lèvres du maquignon Mathurin.

Le gentilhomme breton ne s'était pas trompé dans ses calculs.

A peine vingt minutes s'étaient-elles écoulées depuis la demande de Nativa, que l'embarcation rangeait la grève.

Encore quelques secondes et les pieds des naufragés allaient enfin fouler le sol, quand de Morvan imprima un brusque mouvement à la barre et changea la direction suivie par le bateau.

— Avez-vous envie de recommencer une nouvelle promenade en mer? dit le maquignon Mathurin, avec ce sang-froid un peu moqueur qui semblait lui être habituel.

— Non, répondit le jeune homme, mais je ne tiens nullement à être massacré. Regardez donc un peu la réception que l'on nous prépare snr la plage.

— Tiens, s'écria Mathurin, en levant les yeux, mais ils sont pleins de persévérance ces braves Penmarkais! C'est fort joli à eux d'avoir ainsi attendu notre retour sans se décourager pendant une dixaine d'heures! Ces gars-là, s'ils n'étaient pas dénués d'esprit, pourraient prétendre à tout! tonnerre! Quelle profusion de gaffes, de haches et de crocs en notre honneur! De quoi dépecer dix baleines!

— Nous sommes perdus! dit Nativa qui pâlit légèrement, mais resta impassible et fière dans sa contenance.

—Oh! ne craignez rien, Mademoiselle, s'écria de Morvan, grâce à Dieu j'ai eu la précaution de m'armer; je dispose de la vie de deux de ses misérables, et j'userai de mon pouvoir. Cet exemple suffira pour faire rentrer ces sauvages dans le devoir.

Le jeune homme retira alors de dedans son manteau ses pistolets qu'il y avait placés pour les garantir de l'eau de la mer, et les arma après en avoir vérifié les amorces.

Aussitôt un homme couché sur un rocher isolé, qui n'était guère séparé de l'embarcation par plus de quinze pas, se leva vivement et dirigea vers de Morvan le canon d'un mousquet.

— Legallec! s'écria Alain en s'élançant de dessus son banc pour aller couvrir son maître de son corps.

Mais avant que le serviteur eût eu le temps d'accomplir son généreux projet, le coup partit.

— Touché? demanda laconiquement Mathurin.

Le chevalier, avant de répondre, ajusta Legallec avec un de ses pistolets et fit feu : l'assassin chancela et tomba les bras pendants, la tête la première, dans la mer.

— Oui, à l'épaule! répondit-il seulement alors au maquignon : ce n'est rien ! Il ne s'agit pas de moi pour le moment. Occupons-nous d'abord de la conduite que nous devons tenir.

— Si nous étions seuls, dit Mathurin, je vous proposerais de continuer notre route, sans nous occuper davantage de l'incident qui vient d'avoir lieu, mais la présence de cette jeune fille et celle de son père à moitié noyé entraverait nos mouvements et nuirait à l'énergie de notre débarquement. Ne vaudrait-il pas mieux longer la côte et nous arrêter à la première cabane que nous apercevrons?

— Il y a à deux lieues d'ici le château des seigneurs Duguillou de Pennenrose, dit Alain en se mêlant à la conversation.

— Eh bien, voilà notre affaire! Qu'en pensez-vous, chevalier?

De Morvan regarda involontairement, comme malgré lui, la charmante créole; puis, poussant un soupir.

— Soit, répondit-il, rendons-nous au château Dugaillou de Pennenrose, si toutefois vos forces vous permettent encore d nager, ajouta-t-il en interrogeant Mathurin et Alain d'un signe de tête, car vous devez être exténués de fatigue.

— Je n'en pouvais plus tout à l'heure, mon maître, dit Alain, mais la culbute de Legallec m'a causé un tel plaisir, que je me sens à présent fort comme un bœuf et léger comme un oiseau.

— Quant à moi, ajouta le maquignon, ça m'amuse tellement d'apprendre la marine, que si ce n'était la crainte que votre blessure ne soit plus grave que vous ne vous l'imaginez, je voudrais rester jusqu'au soir en mer.

CHAPITRE SEPTIÈME.

LE SAUVETAGE.

VII.

Le Sauvetage.

Le chevalier prit alors de la main gauche la barre — car sa droite était cachée dans son pourpoint — et fit tourner l'embarcation dans la direction du château Duguillou de Pennenrose.

Pendant la première demi-heure qui suivit cette retraite ou cette fuite, pas une parole ne fut prononcée : chacun semblait absorbé dans ses pensées.

Plusieurs fois les yeux de de Morvan se portèrent sur la jeune fille ; chaque fois son regard rencontra celui de Nativa attaché sur lui avec une expression sérieuse et réfléchie qui lui fit baisser la tête.

Le jeune gentilhomme breton, si intrépide en face du danger, se sentait timide, confus et tremblant devant la belle espagnole ; il se croyait ridicule, et il eût donné dix années de sa vie pour posséder alors, ne fut-ce que pendant une heure, l'assurance d'un courtisan de Versailles, ou même l'impudente fatuité d'un de ces gentillâtres à bonnes fortunes, qui lui avaient paru jadis si sots à Nantes, et qu'il admirait en ce moment à l'égal des héros.

Ce fut Alain qui le premier rompit le silence.

— Monsieur le chevalier, dit-il, je crois avoir aperçu tout à l'heure, en retournant la tête pour voir si les gars ne nous suivaient pas le long de la plage, une colonne de fumée dans la direction de votre maison...

Le Bas-Breton attendit en vain pendant un instant que son maître lui répondît, puis il réprit brutalement en criant à tue tête :

— Monsieur le chevalier, les gars s'amusent à brûler votre maison !

— Eh bien, tant mieux! répondit de Morvan d'un ton distrait.

— Vous ne m'avez donc pas compris? Je vous dis que l'on incendie votre maison !

— J'ai parfaitement entendu, et je répète « tant mieux ! »

— Plaît-il ? reprit Alain en regardant son maître avec un étonnement mêlé d'effroi, car il crut qu'il avait perdu la raison.

— Mais, monsieur le chevalier, votre maison était une belle pièce ! elle valait au moins six cents livres ! Eh bien ! où donc logerons-nous maintenant ?

— Cette bicoque ne mérite pas un regret, dit de Morvan affectant de répondre à son domestique et regardant à la dérobée Nativa; elle était indigne de servir de demeure à un gentilhomme, et je ne conçois pas, vraiment, comment j'ai pu y rester si longtemps.

— Elle garantissait tout de même le gentilhomme de la pluie et du froid, murmura Alain. Et puis six cents livres qui s'en vont en fumée... C'est à pleurer toutes les larmes de son corps!

— Quant à la faire rebâtir, poursuivit de Morvan, je n'y songe pas. Si cet incendie a réellement eu lieu, je le regarderai comme un avertissement venant d'en haut, de quitter le pays, et je m'y conformerai sans murmurer; je n'ai déjà que trop croupi dans une inaction honteuse!.. Un gentilhomme n'est pas un serf attaché à la glèbe; son sang appartient à son roi et à l'honneur de sa race... J'irai combattre sur mer les Anglais.

— Mon Dieu! monsieur, murmura Nativa d'une voix émue et en semblant hésiter à chaque mot qu'elle prononçait, mon Dieu! monsieur, si votre maison a été incendié, nous sommes, sans aucun doute, mon père et moi, la seule cause de cette catastrophe... Si au lieu de nous sauver vous aviez préféré jouir de nos dépouilles.....

— C'est-à-dire si j'eusse été un assassin et un voleur! Eh bien! après, mademoiselle? interrompit de Morvan avec une froideur et une fierté qui contrastaient d'une façon saisissante avec la timidité qu'il avait montré jusqu'alors. Continuez, je vous prie... Vous vous taisez! Pourquoi cet embarras et cette honte? C'est pourtant si facile de dire à un homme : « Vous êtes un gueux, un pauvre hère; je veux vous récompenser avec quelques poignées d'écus de votre dévoûment à notre personne et des pertes qui en sont résultées pour vous. Tenez, l'ami, prenez; grand bien vous fasse, et n'oubliez point surtout de remercier Dieu de votre bonheur! Nous voilà pour le moins quittes; nous ne vous connaissons plus! » Il est, je vous le répète, si facile de parler ainsi à un pauvre diable, que je ne conçois vraiment pas pourquoi vous hésitez à me tenir ce langage!

De Morvan s'était animée à l'idée de son honneur outragé; aussi, lorsqu'en terminant cette réponse, il rejeta en arrière, par un geste réellement superbe et un peu sauvage, ses cheveux noirs que le vent avait ramenés sur ses yeux, Nativa ne put s'empêcher de le regarder avec cette fixité naïvement hardie qui distingue les femmes espagnoles, et d'admirer sa mâle beauté.

— Oui, voilà, en effet, ce qui s'appelle parler, mille tonnerres, s'écria Mathurin d'un air radieux. C'est seulement malheureux que ces paroles tombent sur une femme! Adressées à un hidalgo, elles eussent fait sortir deux épées du fourreau, et l'Espagne, j'en suis persuadé, monsieur le chevalier, compterait à grande joie un combattant de moins.

Cette réflexion assez bizarre et tout à fait inexplicable dans la bouche du maquignon, rappela de Morvan à lui; il éprouva un vif regret de s'être laissé ainsi emporter par la colère, vis-à-vis d'une jeune fille, et, paraissant fort occupé du gouvernail, il détourna la tête et garda le silence.

Une heure plus tard, l'embarcation s'arrêtait, en touchant la plage, devant le château Duguillou de Pennenrose, et le débarquement des naufragés s'opérait sans accident.

— Je suis heureux, mademoiselle, dit de Morvan en s'adressant à Nativa, que le hasard ne m'ait pas permis de vous offrir l'hospitalité, sous mon misérable toit, où vous vous seriez heurté aux privations et à la misère, tandis qu'au contraire au château Duguillou de Pennenrose, vous trouverez un abri somptueux pour vous recevoir, des domestiques bien dressés pour vous servir, et de jeunes seigneurs riches et galants, prêts à se sacrifier à vos moindres désirs et à exécuter aveuglément vos ordres.

— Monsieur, répondit Nativa, ce que je ne trouverai assurément nulle part, c'est une noblesse de sentiment et un courage comme le vôtre! Mais quoi, ajouta-t-elle avec précipitation en voyant de Morvan se diriger, après l'avoir saluée humblement, vers l'embarcation, ne nous accompagnez-vous donc pas?

— Non, mademoiselle, répondit-il d'une voix sourde et en pâlissant, je n'ai pas l'honneur de connaître personnellement les seigneurs de Pennenrose... je désire leur rester étranger... et...

— Jésus Maria! qu'avez-vous? s'écria Nativa avec élan et en s'élançant par un mouvement irréfléchi au devant du jeune homme, comme si elle eût voulu le soutenir.

— Rien... mademoiselle... Je vous remercie... C'est cette balle dans l'épaule... et puis la perte du sang... Ça ne sera rien...

— Vous êtes grièvement blessé! interrompit Nativa. Et depuis plus de deux heures, que ce coup de mousquet vous a atteint, vous avez eu le courage de rester impassible à votre poste, sans vous plaindre, sans laisser deviner une seule de vos souffrances. Ah! monsieur, si les gentilshommes français vous ressemblent, la noblesse de votre pays est la première du monde!

De Morvan voulut répondre, mais la douleur et sa faiblesse l'emportèrent sur sa volonté, et si Alain ne se fut précipité vers lui et ne l'eût reçu dans ses bras, il fut tombé par terre.

Le domestique le déposa doucement sur le sable de la plage.

— Aies soin de ton maître pendant que je vais aller chercher des secours au château, dit Mathurin au Bas-Breton, mais ce dernier comme frappé par une idée subite, poussa une exclamation et retenant par le bras le maquignon.

— Ah ça ! pourriez-vous me dire auparavant qui vous êtes ? lui demanda-t-il en le regardant en face, car qui m'assure, à moi, que vous ne voulez pas vous sauver, et que je vous reverrai, si je vous laisse partir ! Votre conduite ne me paraît pas franche ! rien ne me prouve que vous n'êtes pas un complice de Legallec... Je sais bien que vous avez fait semblant de partager nos dangers, mais c'était peut-être pour mieux cacher encore votre jeu ; car enfin pourquoi, après m'avoir donnné deux écus pour me faire causer sur le compte de M. le chevalier, êtes-vous venu lui demander l'hospitalité ? Qu'est-ce que vous lui voulez, à mon maître ?

— Lui faire mes offres de service, s'il a besoin d'un cheval.

— Laissez-moi donc tranquille ; est-ce que vous vous imaginez que parce que j'ai pas reçu une éducation entière, je suis un imbécile complet! que je prends pour de l'argent comptant votre profession de maquignon! Vous maquignon! ah! mais, là, c'est trop drôle! Il n'y a pas dans tout le port de Brest un marin capable de lutter avec vous pour la nage! Je n'ai jamais vu encore manier un aviron comme ça!... Et vous vous prétendez maquignon!... Farceur, va! Voyons, qu'êtes-vous?

— Je suis un peu pressé pour le moment, répondit Mathurin, qui, prenant en souriant le Bas-Breton par la taille, le souleva de terre avec la même facilité que si c'eût été un enfant et l'envoya rouler à cinq pas devant lui sur la plage.

Pendant qu'Alain plus surpris encore que meurtri de sa chute, se relevait lentement, Mathurin s'éloignait à grands pas.

Il faudrait un pinceau, au lieu d'une plume, pour rendre le regard de haine implacable que le maquignon jeta, en passant devant lui, sur le père de Nativa, couché sur le sable.

— Quelle rencontre inouïe! murmurait-il les poings crispés et en se mordant les lèvres jusqu'au sang. — Et c'est Louis qui l'a sauvé! Ah! Sandoval, comte de Monterey, puisque la fatalité t'a mis de nouveau sur ma route, prends garde à toi!

CHAPITRE NEUVIÈME.

—

NATIVA.

IX

Nativa.

Dans un vaste lit à baldaquin, placé dans une grande chambre à l'ameublement riche et gothique, se tenait couché un jeune homme au visage pâle et aux traits amaigris : c'était de Morvan, qui, transporté au château de Pennenrose, luttait depuis quinze jours contre la fièvre et le délire.

La blessure du gentilhomme était extrêmement grave : il lui avait fallu une force de volonté réellement extraordinaire pour continuer, — après l'avoir reçue, — à diriger la marche de l'embarcation.

Une fois son devoir accompli et Nativa en sûreté, il était tombé privé de sentiment, ainsi que nous l'avons déjà dit dans le précédent chapitre.

Recueilli, ainsi que le père de Nativa, par les gens des seigneurs de Pennenrose, de Morvan, depuis quinze jours, n'avait pas encore recouvré la raison : c'était à un de ces phénomènes mystérieux que nous qualifions, dans notre ignorance, de hasard, et qui sont le secret de la Providence, qu'il devait de n'être point mort quand le médecin du château avait opéré l'extraction de la balle profondément enclavée dans son épaule.

Le matin même du jour où recommence ce récit, le praticien, à la grande joie d'Alain avait déclaré, pour la première fois, que l'état de de Morvan ne lui inspirait plus d'inquiétude, et qu'il répondait corps pour corps de sa guérison.

Alain, penché sur le lit de son maître, épiait avec une sollicitude qui contrastait avec sa nature un peu sauvage, le sommeil du malade.

— Si le frater s'était trompé, disait-il, bien sûr que pour le punir de la fausse joie qu'il m'aurait donnée, je lui caresserai le dos avec mon penbas... Oui, mais cela n'améliorait en rien la position de mon maître!... Quel malheur qu'en tuant Legallec, M. de Morvan m'ait empêché de tirer vengeance de la traîtrise de ce misérable... Ça m'aurait fait tant de plaisir de taper dessus. Ah! voici M. le chevalier qui parle!... Dites donc, monsieur, c'est moi, Alain, votre serviteur... il ne me reconnaît pas... Bon, le voilà qui appelle encore cette Nativa! Faut-il être déraisonnable pour s'occuper d'un brin de fille qui ne pèse pas tant seulement cent livres et que l'on briserait comme rien du tout sur son genoux!... Ça le fera joliment rire mon maître, quand je lui apprendrai plus tard que, pendant toute sa maladie, il n'a fait que s'occuper de cette petite figure pâle... Il né voudra jamais me croire... Quelle drôle de chose que le délire ! on dirait comme ça que l'on vous a jeté un sort.

Alain, tout en grommelant ces phrases décousues, avait abandonné sa place auprès du lit du blessé, et s'était mis à parcourir d'un pas inégal la vaste chambre.

Tout à coup, il s'arrêta dans sa promenade, et se frappant le front d'un coup de poing qui eût suffi pour étourdir un bœuf :

—Ah! bête, animal que je suis! s'écria-t-il; comment n'ai-je pas pensé plus tôt à cela!... Assassin! canaille! oui, cent fois oui, c'est la faute de ma bêtise, si M. le chevalier n'est pas encore rétabli! J'ai manqué d'idée; il m'était si facile de brûler des cierges doubles pour sa recouvrance! Il y a longtemps déjà que ma bonne Sainte-Anne-d'Auray l'aurait tiré d'affaire!... Ah! pardonnez-moi, je vous prie, ma bonne Dame si j'ai oublié, depuis quinze jours, de vous prier, continua le Breton après un court silence, je ne pensais pas que j'avais besoin de vous! Oh! mais soyez sans inquiétude. Je veux, pas plus tard qu'aujourd'hui, m'acquitter envers vous... Je vous dois déjà pas mal, pour nous avoir empêché de périr, lors de notre dernière course en mer! Je mettrai tout ça ensemble : ça fera une véritable illumination! Vous allez être joliment contente, allez!...

Alain, désireux de ne pas perdre une minute dans l'accomplissement de son pieux projet, saisit alors son penbas et son large chapeau de feutre, déposés tous les deux par terre, dans un coin, et se dirigea vers la porte; mais, au moment de sortir, une nouvelle idée le retint.

— Il est impossible, murmura-t-il, que je laisse ainsi mon maître tout seul. Qu'est-ce qu'il penserait en revenant à lui — puisque le médecin prétend qu'il va revenir aujourd'hui à lui — s'il ne me trouvait pas à ses côtés!... Que je l'ai vilainement abandonné, et il serait capable de me retenir quinze jours sur mes gages!... Ah! ma bonne sainte Anne, là, foi d'Alain, vous pouvez compter sur notre marché, comme si c'était chose faite. Guérissez donc de suite M. le chevalier; et puis, après tout, en supposant que je sois capable de vous manquer de parole, à quoi ça vous exposerait-il d'avoir remis M. le chevalier sur ses jambes? à rien du tout! Vous seriez quitte pour le faire retomber malade! vous ne risquez rien!..

Le Bas-Breton, persuadé que sainte Anne d'Auray ne pouvait refuser le marché si raisonnable et si avantageux qu'il lui proposait, se retournait déjà du côté de de Morvan, pour voir s'il ne se levait pas, quand la porte de la chambre à coucher s'ouvrit et que Nativa entra.

La jeune fille, habillée tout de noir, selon la mode espagnole, n'était plus telle qu'elle a été présentée la première fois au lecteur : elle avait repris sa souveraine et impérieuse beauté.

Rien de grave et de gracieux en même temps comme sa démarche, de calme et de profond comme son regard, de doux et d'enchanteur comme le rare et fugitif sourire qui entr'ouvrait parfois ses lèvres roses.

Son teint pâle, mais non de cette pâleur maladive que donne aux femmes du monde la vie sédentaire et dévorante tout à la fois des grandes villes, avait aussi recouvré tout son séduisant éclat.

Un poète de génie et de conscience eût certes, en contemplant cette jeune fille, senti l'insuffisance de l'art et brisé sa plume.

Alain, n'était pas poète, mais seulement Bas-Breton, aussi ne comprit-il qu'une chose en voyant apparaître Nativa; qu'elle pouvait le remplacer pour veiller le chevalier et lui donner le moyen d'aller se mettre en règle vis à vis de sainte Anne d'Auray.

Il s'avança donc vivement à la rencontre de la jeune fille, et se tirant une mêche de cheveux en guise de salut :

—Mademoiselle, lui dit-il sans préambule, soignez bien M. le Chevalier pendant mon absence; s'il désire se lever et qu'il vous demande son pourpoint, vous le trouverez là sur ce fauteuil; la tisane est sur la table!... N'oubliez point, si mon maître vous interroge sur mon absence, de lui répondre, ce qui est la vérité vraie, que je ne l'ai pas quitté d'une heure pendant tout le temps de sa maladie, et que je suis en course pour lui.

Craignant un refus de Nativa, le Bas-Breton, après avoir dit ces mots, prit son élan et se précipita en dehors de la chambre.

Le départ du domestique et ce tête à tête forcé et imprévu avec de Morvan, ne parut nullement contrarier Nativa : elle s'avança lentement vers le lit du malade, et s'asseyant sur une chaise, elle se mit à considérer avec une rare attention le visage décoloré du blessé.

Chose étrange, pendant tout le temps que dura cet examen, la physionomie de Nativa n'exprima aucun des sentiments que l'on eût dû s'attendre à lui voir éprouver, c'est à dire celui de la pitié ou de la reconnaissance.

Au contraire, deux ou trois fois une

contraction de sourcils assombrit, sans pouvoir parvenir à le rider, son front d'ivoire, et un éclair passa dans ses yeux.

CHAPITRE DIXIÈME.

—

UN PREMIER AMOUR.

X

Un premier amour.

Une demi-heure s'était écoulée depuis la fuite d'Alain, lorsque de Morvan, après avoir étiré ses bras et balbutié quelques paroles à peu près inintelligibles, ouvrit les yeux : la prédiction du médecin se réalisait.

Le premier objet qui frappa la vue du malade fut Nativa.

— Toujours la même image ! toujours elle, murmura-t-il sans montrer aucun étonnement, et en révélant ainsi à la jeune fille combien son apparition lui était devenue familière pendant son délire.

Cette fois, — et ce fut la seule depuis qu'elle se trouvait avec lui, — Nativa parut céder à un sentiment de compassion.

— Pauvre jeune homme, dit elle; puis élevant la voix après un court silence.

— Eh bien! monsieur le chevalier, lui demanda-t-elle, ne vous sentez-vous pas tout à fait bien aujourd'hui?

A cette question, le sang afflua aux joues du blessé, qui tressaillit.

— Ne me reconnaissez-vous donc pas poursuivit Nativa, faut-il vous rappeler que je dois la vie à votre dévoûment et à votre courage?

De Morvan voulut répondre, mais l'émotion qu'il éprouvait était telle, qu'il dut recueillir un moment ses forces avant de pouvoir balbutier :

Oh ! mademoiselle ! je vous en conjure... ne me quittez pas encore...

L'espagnole parut ne pas remarquer le trouble du pauvre blessé; elle se leva, prépara une potion calmante prescrite par le docteur, et, présentant le breuvage à de Morvan :

— Votre faiblesse est grande encore, monsieur, lui dit-elle, je crains que vous ne vous fatiguiez à causer...

— Vous vous trompez, mademoiselle, s'écria le jeune homme en l'interrompant avec vivacité, jamais je ne me suis senti plus de force qu'en ce moment. Et puis, j'ai tant de choses à vous dire!...

— A moi, monsieur? demanda Nativa avec plus de froideur que d'étonnement. Parlez.

— N'est-il donc pas naturel, poursuivit le blessé d'une voix émue et troublée, que je désire apprendre si votre père ne court plus de dangers, si l'équipage du navire naufragé est parvenu à se sauver... si enfin, ajouta-t-il en hésitant, vous avez trouvé auprès des jeunes seigneurs de Pennenrose, les égards et les hommages qui vous sont dus?

— Mon père, à une grande faiblesse près, que lui a laissée la violente secousse qu'il a éprouvée, est complètement rétabli ; notre malheureux équipage, dont les embarcations ont été brisées lors du naufrage, a été impitoyablement massacrés par les habitants de Penmark. Quant aux seigneurs du château, il me serait difficile d'émettre une opinion sur leur compte, car je les ai à peine entrevus.

Ces dernières paroles semblèrent causer un vif plaisir à de Morvan, qui soupira comme si on eût retiré de dessus sa poitrine un poids qui l'accablait.

Il allait poursuivre, lorsque Nativa mit son doigt devant son adorable petite bouche et, souriant d'un air mutin :

— Si vous vous obstinez, M. le chevalier, lui dit-elle, à retarder ainsi votre convalescence, je vous avertis que, ne voulant pas partager la responsabilité de votre imprudence, je vais m'éloigner et vous laisser seul.

— Oh! ne partez pas, je vous en conjure, s'écria le jeune homme effrayé.

— Alors dormez, lui dit Nativa avec une impérieuse douceur.

De Morvan, obéissant comme un enfant, ferma aussitôt les yeux; mais il était facile de deviner, à sa respiration irrégulière, que s'il cédait pour la forme, le gentilhomme tenait bon pour le fond et que jamais il n'avait été plus éveillé qu'en ce moment.

Près d'une heure se passa ainsi; tout

à coup de Morvan se souleva brusquement sur son lit, et s'adressant à Nativa :

— Mademoiselle, lui dit-il, je crois entendre le bruit de pas qui se dirigent vers cette chambre!... Peut-être seriez-vous contrariée que l'on vous rencontrât ici ?

— Pourquoi cela, monsieur ? lui demanda-t-elle d'un ton hautain, presque dur. Vous imaginez-vous donc que Nativa de Sandoval puisse être compromise par sa pitié ?

— Oh! mademoiselle, murmura douloureusement de Morvan en laissant retomber d'un air désespéré sa tête sur son oreiller, vous êtes bien cruelle pour un pauvre esprit fatigué et souffrant.

Le chevalier parlait encore, lorsqu'Alain entra dans la chambre : le Bas-Breton, à la vue de son maître revenu tout à fait à lui, ne montra ni joie ni étonnement; il se contenta de dire à Nativa :

— J'espère, mademoiselle, que M. le chevalier n'a pas eu à se plaindre de vous, et que vous l'avez soigné en conscience.

— J'ai fait de mon mieux, répondit-elle en souriant.

— Dame, c'est bien là le moins que vous lui devez ; mais à propos, puisque vous n'avez pas quitté M. le chevalier, dites-moi donc un peu quand il a repris connaissance.

— Aussitôt après votre départ...

— Tiens, voilà qui est drôle ! s'écria

Alain d'un ton de regret ; je vois que je me suis trop pressé ; j'aurais pu économiser les cierges ! Bah ! ajouta-t-il après un court moment de réflexion, il serait retombé malade ! Et puis, j'avais promis, et la parole d'un honnête homme est une chose sacrée; seulement j'espère bien, ma bonne sainte Anne d'Auray, que vous me tiendrez compte de ma bonne foi, et que vous ne refuserez pas à me faire encore crédit quand l'occasion s'en présentera.

Nativa que les façons d'Alain semblaient divertir beaucoup, avait été obligée d'imposer silence par un regard à de Morvan, indigné du sans-façon du Bas-Breton.

— Au revoir, chevalier, lui dit-elle, ne grondez point votre domestique, qui me paraît vous être fort attaché, et que je prends sous ma protection. Je reviendrai demain savoir de vos nouvelles. Encore une fois, au revoir !

Le regard reconnaissant par lequel de Morvan répondit à ces paroles valait plus qu'un long discours ; cette muette éloquence du cœur ne dut pas échapper à la sagacité de Nativa.

— Comment, elle me prend sous sa protection, cette étrangère! s'écria Alain, lorsque la belle Espagnole fut sortie. Ah! ça...

— Tais-toi! lui dit de Morvan en l'interrompant avec violence.

— Foi de Dieu, maître, si vous vous mettez ainsi en colère, c'est bon signe; vous devez être complètement guéri.

— Avance ici, Alain, reprit de Morvan, et raconte-moi ce qui s'est passé pendant ma maladie. A propos, depuis combien de temps suis-je au lit?

— Depuis quinze jours, mon maître! C'est pas pour vous vanter, mais il faut que vous soyez joliment bien bâti pour n'être point mort. C'est étonnant combien vous avez été près de trépasser. Quant à vous donner des nouvelles, cela m'aurait été impossible il y a deux heures, car je vous ai soigné sans vous quitter d'une minute pendant toute la durée de votre maladie ; mais je reviens de Penmark...

— Et que dit-on à Penmark ?

— J'ignore ce que l'on y dit, mais

ce que je sais, c'est que votre maison a été incendiée, et qu'il n'en reste plus une pierre.

La confirmation de ce malheur déjà prévu ne causa aucune émotion à de Moryan.

— A propos, et le maquignon Mathurin? reprit-il sans exprimer même un simple regret de sa ruine.

— Ah! voilà encore une drôle de farce! On n'en a plus entendu parler! Savez-vous, maître, ce que je crois, moi?

— Voyons, que crois-tu, Alain?

— Que cet homme était le diable en personne. Je m'attends chaque jour à voir se changer en feuilles mortes deux écus qu'il m'a donnés... Quand on est un bon chrétien, on ne disparaît pas comme ça.

— Le fait est que sa conduite est étrange! Et, dis-moi, poursuivit de Morvan après avoir hésité, mademoiselle Nativa, s'est-elle quelquefois informée de l'état de ma santé?

— Tout de même donc !

— Mais elle n'est jamais venue me voir, n'est-ce pas ?

— Il ne s'est, au contraire, pas passé de jour sans que la petiote ne soit restée au moins deux heures dans votre chambre ! Ah ! quelle curieuse que cette pâlotte ! Elle vous regardait avec ses grands yeux sournois pendant des temps que ça m'en donnait de l'impatience ! Mais, sauf le respect que je vous dois, apprenez-moi donc, mon maître, ce que nous allons devenir à présent que l'on a brûlé notre maison? Ça m'inquiète moi!...

— Ce que nous allons devenir! s'écria de Morvan avec une explosion de joie qui fit craindre un instant à Alain que son maître ne fût retombé dans le délire, nous allons voyager, nous battre, devenir riches et puissants, riches à millions, entends-tu, puissants comme des maréchaux de France!

— Ah bah! vrai, dit Alain; alors vous augmenterez mes gages. Mais comment ferons-nous, monsieur le chevalier, pour devenir si riches et si puissants?

— Je l'ignore, seulement je te jure, foi de Morvan, que si une balle ne m'arrête pas dans ma course, j'arriverai.

— Et moi je vous suivrai : ça me va toujours.

Le gentilhomme breton, accablé par l'effort qu'il venait de faire, laissa retomber sa tête sur son oreiller, et ne tarda pas à s'endormir d'un sommeil bienfaisant et réparateur.

Les dernières paroles qu'il prononça furent :

— Mon Dieu! combien je l'aime et que je suis heureux!

CHAPITRE ONZIÈME.

LES SUITES D'UNE CONVALESCENCE

XI.

Les suites d'une convalescence.

Une semaine s'était à peine écoulée depuis l'entrevue de Nativa et de Morvan, et ce court espace de temps avait suffi à ce dernier pour entrer en pleine convalescence.

La charmante Espagnole, fidèle à sa promesse, était venue s'informer chaque jour de la santé de son sauveur.

Après chacune de ces visites, une amélioration extraordinaire s'était manifestée, au grand étonnement du médecin, dans la position du malade : le frater, ainsi que l'appelait Alain, ignorait que le bonheur est le plus précieux et le plus puissant remède que possède la nature.

Or, de Morvan était si heureux que son cœur fléchissait par moment sous le poids de la joie.

L'apparition de Nativa, nous le répétons, avait été pour le jeune homme, la révélation d'un monde inconnu : on n'aura donc pas lieu de s'étonner qu'il eût passé, sans aucune espèce de transition, de l'admiration la plus profonde à l'amour le plus insensé.

D'une imagination ardente, rendue plus impressionnable encore par l'austère solitude dans laquelle s'était écoulée la plus grande partie de sa jeunesse, le gentilhomme avait reporté sur Nativa ces rêves indécis et enivrants ces aspirations passionnées, ces élans du cœur qui, jusqu'alors sans but, avaient tour à tour exalté et brisé sa sensibilité : sa vie, égarée dans le vide, venait enfin de trouver son point d'appui.

De Morvan, et ceci est un trait distinctif et saillant du caractère breton, joignait à cette imagination ardente, un rare positivisme d'esprit.

Nous demandons pardon de ce barbarisme indispensable pour bien faire comprendre au lecteur le caractère de de Morvan.

Pourtant depuis qu'il connaissait Nativa il n'avait pas songé une seule fois à se rendre compte du caractère bizarre de l'Espagnole : lui souriait-elle, il avait peur de son bonheur, tant il lui semblait grand ; le regardait-elle d'une façon hautaine ou moqueuse, il se mettait à désespérer de l'avenir et des idées confuses de suicide lui passaient à travers le cerveau.

S'il ne l'avait pas aimée avec cette violence d'un premier amour qui touche souvent à la folie, de Morvan aurait été parfois effrayé de l'étrangeté d'esprit de la jeune fille ; tout en elle était contradiction, spontanéité, mystère.

Elle tombait par moment dans des rêveries profondes, qui semblaient trahir un passé gros d'évenements et de souvenirs ; tout à coup une gaîté folle, que rien ne motivait, remplaçait brusquement sa tristesse.

De Morvan, lui, se contentait de jouir de cette joie et de souffrir de cette douleur dont les causes lui étaient complétement inconnues.

Un matin que le gentilhomme, après une délicieuse insomnie, venait, pour mettre un peu de calme dans ses idées, de descendre dans le parc du château, il aperçut, assise sur un banc, Nativa, qui, pensive et la tête inclinée sur la poitrine, paraissait absorbée par de graves méditations.

— Ah! c'est vous, monsieur de Morvan! lui dit-elle après qu'il l'eût contemplée tout à son aise en silence, car elle ne s'était pas aperçue d'abord de son arrivée; je remercie le hasard qui vous envoie : j'ai à vous parler.

Le jeune homme eût bien voulu répondre, mais il se sentait tellement ému, qu'il se contenta de s'incliner profondément.

Son cœur battait avec violence.

La jeune fille l'invita par un gracieux mouvement de tête à prendre place à ses côtés ; puis quand il eut obéi, elle reprit d'une voix parfaitement calme :

— Mon père m'a annoncé hier au soir, qu'il se sentait assez fort pour se mettre en route; il est probable que nous partirons aujourd'hui ou demain pour continuer notre voyage. Jusqu'à présent, monsieur de Morvan, dans la crainte de jeter un nuage dans notre éphémère intimité, j'ai reculé devant l'expression de ma reconnaissance;

je ne veux ni ne puis cependant me séparer de vous à tout jamais, sans vous exprimer ma profonde gratitude : croyez que mon père et moi n'oublierons jamais, monsieur le chevalier, votre noble dévoûment, et que chaque jour votre nom trouvera place dans nos prières.

— Nous séparer ! répéta de Morvan d'une voix sourde et après un moment de silence. Mais c'est impossible, mademoiselle !... que voulez-vous donc que je devienne sans vous !...

Le trouble du malheureux jeune

homme était si sincère, sa pâleur si grande, sa souffrance si visible, que Nativa ne put se formaliser de ce cri parti du cœur.

— Tenez, mademoiselle, reprit de Morvan avec des sanglots contenus dans la voix, puisque vous croyez me devoir quelque reconnaissance, eh bien! écoutez-moi, je vous en conjure, sans m'interrompre et sans vous fâcher : cette condescendance de votre part me récompensera au centuple du peu que j'ai été assez heureux de faire pour vous.

— Je pars demain, monsieur ; qu'il

soit fait aujourd'hui selon votre volonté ! Parlez !

De Morvan, mystère inexplicable du cœur humain, se repentit alors de sa hardiesse ; il eût donné dix ans de sa vie pour pouvoir retarder une explication qu'il désirait ardemment avoir : toutefois, il s'était trop avancé pour qu'il lui fût possible de reculer sans tomber dans le ridicule ; il continua donc d'une voix presque inintelligible, tant elle tremblait :

— Oh ! ne craignez pas, mademoiselle, que ma hardiesse s'élève jusqu'à des prétentions insensées! Vous m'avez avoué que vous possédiez des richesses immenses; je sais que votre nom compte parmi les plus illustres de la grande noblesse d'Espagne, et je ne suis, moi, qu'un pauvre et obscur gentilhomme sans fortune, sans protection, sans avenir! Vous voyez bien que je ne pourrais songer sans folie à faire rencontrer nos destinées! Ce que je veux vous dire, c'est que je vous aime d'une amitié tellement respectueuse et dévouée, qu'elle touche à l'adoration! que si vous vous refusez à accepter mon dévoûment, mon existence sera à tout jamais gâtée; que vous perdrez mon âme! Ce que je demande de vous, mademoiselle, c'est que vous me permettiez de vous suivre de loin, et de me tenir toujours à portée de recevoir vos ordres. Oh! ne craignez point que cette liaison devienne pour vous un embarras, je ne vous parlerai jamais... jamais votre nom, enfoui au plus profond de mon cœur, n'arrivera jusqu'à mes lèvres... Je serai votre esclave... Vous me commanderez avec un regard!

De Morvan trop ému pour pouvoir continuer, s'arrêta.

De grosses larmes coulaient silencieuses le long de ses joues.

Nativa n'avait rien perdu de son calme et de son sang froid; elle semblait réfléchir.

— Monsieur le chevalier, lui dit-elle après une légère pause, je crois à votre amitié; mais je repousse l'exaltation qui l'accompagne et que j'attribue avec raison à votre faiblesse momentanée, suite inévitable de la grave maladie que vous achever de subir. A part l'exagération de votre langage, il est encore une chose que je blâme dans vos paroles, c'est la distance que vous semblez établir entre nous deux par rapport à la différence de nos fortunes : un gentilhomme, monsieur, — et moi aussi je sais que vous appartenez à une excellente maison, — est l'égal de tout le monde; car il porte une épée, et nul n'a le droit de mettre obstacle à son courage ou à sa colère, dès qu'il combat pour la gloire de son pays ou pour l'honneur de son nom!..... Je vous parle peut-être un langage en désaccord avec les habitudes des femmes de votre pays, que voulez-vous, monsieur, il faut me pardonner. Nous autres Espagnoles, nous ne sommes pas habituées à nous entendre adresser de banals hommages; nous prenons au sérieux les paroles sérieuses que nous adressent les gens d'honneur, et nous y répondons, non pas avec notre esprit, mais avec notre loyauté et notre cœur.

La réponse de Nativa était vague, elle combla néanmoins de Morvan de joie.

Toutefois, il eut assez de force de caractère pour ne pas laisser éclater son transport.

Quant à la jeune Espagnole, il eût été facile à un observateur de sang froid, de deviner à la fixité vague de son regard, à sa tête inclinée évidemment sous le poids d'une idée, à son front soucieux, à son petit pied battant distraitement et sans qu'elle s'en doutât, une cadence à laquelle elle ne songeait pas, qu'elle était sous l'obsession d'une pensée grave.

Tout à coup la charmante enfant, dont le chevalier attribuait l'espèce de recueillement à l'aveu qu'il achevait de lui faire, releva la tête par un geste mutin, et, se retournant vers lui :

— Monsieur de Morvan, lui demanda-t-elle sans aucun préambule, êtes-vous superstitieux ?

Cette question surprit assez vivement

le jeune homme, qui répondit en souriant :

— Je suis Breton, mademoiselle. C'est assez vous dire que je crois à tous les faits dont l'explication dépasse mon intelligence.

— Chevalier, vous avez raison !

— Puis-je vous demander, mademoiselle, reprit de Morvan, le motif qui vous fait m'adresser cette question.

— Certes. Je réfléchis que ma rencontre prouve que vous êtes né sous une influence heureuse. Oh! pas de fades protestations et de mauvais compliments... Vous vous méprenez sur le sens de mes paroles! chevalier de Morvan, continua la jeune fille avec une espèce de solennité; vous désirez la gloire et la fortune? et bien! si vous voulez m'aider dans l'accomplissement d'un noble et vaste projet que je sais, et que la réussite couronne vos efforts, retenez bien ce que je vous dis, il n'y aura pas un homme en France qui ne s'inclinera devant vos richesses et votre gloire.

— Il n'y a pas un homme qui ne s'inclinera devant ma richesse et ma puissance! dites-vous, mademoiselle, répéta le chevalier de Morvan avec un étonnement qu'il ne chercha pas à dissimuler. Je ne comprends pas, expliquez-vous, je vous prie.

— Je ne puis vous révéler un secret qui n'est pas à moi, qui ne m'appartient pas. Vous avez bien voulu, Monsieur de Morvan, me promettre une obéissance absolue à mes volontés, vous m'obligerez beaucoup en n'insistant pas sur ce sujet. Et puis, qui sait, ajouta Nativa pensive, si ce projet, le rêve de mes nuits et la pensée de mes jours, recevra même jamais un commencement d'exécution? Nous autres femmes, ne prenons-nous pas presque toujours nos plus folles espérances pour des certitudes? nous ne tenons jamais compte des obstacles ou des impossibilités; nous nous aveuglons à plaisir. Après tout, ce qu'il m'importe pour le moment de savoir, c'est que le jour où je vous dirai : « En avant! » vous marcherez sans faiblir, sans retourner la tête, sans hésiter; enfin, comme un vrai gentilhomme qui a engagé sa parole, et qui ne recule pas à sacrifier sa vie à son honneur.

— Trop heureux, mademoiselle, s'écria de Morvan avec feu, si je réussis à vous éviter, au prix de ma misérable et obscure existence, le moindre des chagrins.

— Je vous crois, monsieur !

La belle Espagnole, grâce à cette mobilité ou à cette vivacité d'impression qui semblait lui être habituelle, et qui la rendait si séduisante, remplaça bientôt par un air enjoué l'espèce de tristesse solennelle qui assombrissait son visage.

— Savez-vous, chevalier, continuaelle, que depuis quinze jours vous piquez vivement ma curiosité?

— Moi, mademoiselle! et en quoi, je vous prie?

— Mais en tout! Je cherche en vain le mot de l'énigme de votre existence! Comment se fait-il qu'à votre âge, vous ayez songé à vous retirer dans cette affreuse solitude de Penmark! que vous, gentilhomme d'esprit et de courage, vous passiez votre jeunesse en compagnie de paysans grossiers et cruels; qu'à peine entré dans la vie vous soyez déjà mort au monde! Je me suis laissé aller à croire qu'une grande douleur de votre passé pèse sur votre présent et l'assombrit!.

— Vous vous trompez, mademoiselle, répondit de Morvan avec mélancolie, personne ne s'est jamais encore assez intéressé à ma vie pour y jeter une ombre! J'ai toujours été accueilli par une indifférence profonde et laissé dans un complet isolement!

— Mais vos parens, votre famille?

— Ma famille se personnifiait dans

mon père, et depuis dix-sept ans je ne sais ce qu'il est devenu. Quant à mes parents, ils sont tous trop riches et trop puissants pour que je puisse leur tendre la main en signe d'amitié; ils croiraient sans doute que je leur demande l'aumône.

— Et madame votre mère, chevalier?

— Je ne l'ai jamais connue, mademoiselle; ma naissance lui a coûté la vie!

— Pardonnez-moi de continuer mes

questions, chevalier, reprit Nativa, après un léger silence et d'une voix tellement douce et affectueuse que le jeune homme se sentit remué jusqu'au cœur; c'est bien le moins, puisque nous avons fait un pacte d'amitié, que je m'inquiète de vos douleurs et que je sache les blessures de votre âme.

— C'est mon histoire que vous daignez me demander, mademoiselle? Mon Dieu, elle est bien simple et ne mérite nullement d'attirer votre attention. Quelques mots me suffiront. Mon père, M. le comte de Morvan, un des seigneurs les plus justement estimés de notre province, eut le malheur de se trouver mêlé au dernier soulèvement qui a ensanglanté la Bretagne; sa tête fut mise à prix, ses biens confisqués, et il dut prendre la fuite. Depuis lors, je n'ai plus jamais entendu parler de lui. Un de mes parents, le marquis de Plœuc, voulut bien se charger de moi, et me fit entrer à l'école des gentilshommes; il paraît que je porte malheur à ceux qui m'aiment, car, peu de temps après, M. de Plœuc mourut.

Mon éducation achevée, je tentai de mettre à profit les connaissances que j'avais acquises, mais hélas!

je m'aperçus bientôt que monter passablement à cheval et tirer l'épée d'une façon remarquable, — du moins le disait-on — ne constituait point un avoir exploitable ou productif. On m'avait enseigné les arts d'agrément qui accompagnent d'ordinaire la fortune, mais on avait oublié de m'apprendre à gagner ma vie...

Comme d'un autre côté, mon nom, mal noté à la cour, ne me permettait de solliciter aucun emploi, j'allais, en désespoir de cause, m'engager en qualité de simple soldat, lorsque je reçus du fameux banquier et armateur de Brest, le sieur Cointo, une lettre par laquelle il me priait de me rendre auprès de lui.

Jugez de mon étonnement, quand le banquier, après avoir constaté mon identité, me remit un rouleau de cinquante louis en me disant :

« Monsieur le chevalier, cet argent m'a été envoyé, à votre nom, des îles d'Amérique. On me charge de vous compter chaque mois une pension de cinquante livres. Or, comme la personne qui m'adresse cette recommandation m'est parfaitement connue et m'offre sous tous les rapports une sécurité complète, soyez assuré que votre pension vous sera très exactement payée au domicile que vous voudrez bien m'indiquer.

Cette offre mystérieuse répugnait à ma délicatesse, je refusai.

— Je vous jure sur mon honneur d'honnête homme et sur le salut de mon âme, me dit l'armateur, que vous pouvez accepter sans crainte : cette pension vient d'un de vos parents et n'a rien de blessant pour votre amour-propre.

En vain je priai, je suppliai même le sieur Cointo de me nommer ce parent, il n'y voulut jamais consentir; ce secret ne lui appartenait pas.

Peut-être aurais-je dû persévérer dans mon refus, mais que voulez-vous, mademoiselle, j'étais si abandonné de tout le monde, si malheureux, la loyauté proverbiale de l'armateur Cointo m'inspirait une telle confiance, que je cédai.

Avec mes cinquante louis j'achetai une petite maison solitaire, située à une portée de mousquet du village de Penmark, et je résolus de supporter dignement mon abandon, sans jamais descendre jusqu'à faire des avances à une société qui semblait me repousser comme indigne d'elle.

Depuis lors, si ce n'est deux voyages que j'ai faits en Islande en qualité de volontaire, et pour accompagner un brave capitaine de la marine marchande, de mes amis, je suis resté plongé dans la désolante solitude où vous m'avez trouvé!...

Nativa, au début de l'histoire de Morvan, et quoiqu'elle eût sollicité elle-même ce récit, n'y avait apporté qu'une faible attention; mais à partir du moment où le jeune homme parla du secours si providentiel et si inattendu qui lui était venu des îles d'Amérique, la contenance de la charmante Espagnole changea comme par enchantement : elle pâlit d'une façon visible, ses yeux brillèrent de lueurs étranges, et elle dut, pour ne pas laisser paraître son agitation, comprimer avec ses deux mains les gonflements de sa poitrine. De Morvan, tout entier aux tristes souvenirs de sa jeunesse, ne remarqua pas cette émotion aussi violente que fugitive; car, lorsque Nativa lui adressa de nouveau la parole, sa voix était calme et assurée.

— Mon indiscrétion, chevalier, lui lui dit-elle, m'a mise à même, d'apprécier toute la noblesse de votre caractère. Vous avez même oublié d'ajouter, en mentionnant votre solitude, que vous avez su vous venger de l'injustice de la société, en exposant et en consacrant votre vie à sauver celle des malheureux naufragés! J'ai appris par les seigneurs de Pennenrose le courage et le dévouement que vous montrez pour secourir les navires en détresse!

— J'ai moins de mérite, en agissant

ainsi, que vous voulez bien m'en supposer, mademoiselle ; je suis chrétien, et je considère le suicide comme un crime et un péché mortel, répondit de Morvan d'une voix sourde et à peine intelligible.

— Et à présent, monsieur, reprit l'Espagnole, qu'elle nouvelle direction comptez-vous donner à votre vie ?

— A présent, répondit-il en appuyant sur ce mot, qui établissait un lien entre la jeune fille et lui, à présent, mademoiselle, j'attends des ordres, car je ne m'appartiens plus!...

— Mais si je vous disais : « Chevalier, je veux que vous réussissiez, que vous deveniez puissant et riche ! » Que feriez-vous ?

— Je mettrais à exécution un projet qui, depuis longtemps déjà, torture mon imagination et trouble le calme de mes nuits; je m'embarquerais, je quitterais la France, et j'irais chercher sous un ciel étranger la part de soleil que me refuse ma patrie.

— Vous iriez sous un ciel étranger ! Soit; mais lequel? l'univers est vaste;

votre pensée ne s'est-elle jamais fixée d'une façon précise sur la terre de vos rêves?

— Oui, mademoiselle! cette terre est l'île que vous appelez en Espagne Hispaniola, et que nous autres Français nommons Saint-Domingue!

FIN DU PREMIER VOLUME.

TABLE

Des chapitres du premier volume.

Introduction . . . . Page	5
Chap. I. — La maison solitaire de la grève de Penmark	37
— II. — Le maquignon Mathurin . . .	79
— III. — Le maquignon Mathurin (suite) .	101
— IV. — Le navire en détresse	139
— V. — Le sauvetage	163
— VI. — La fille d'un grand d'Espagne .	191
— VII. — Le sauvetage	200
— VIII. — Nativa	243
— IX. — Un premier amour	263
— X. — Les suites d'une convalescence .	285

FIN DE LA TABLE DU PREMIER VOLUME.

Fontainebleau, imp. de E. Jacquin.

NOUVEAUTÉS EN VENTE.

	Fr. C.
La Mare d'Auteuil, par Ch. Paul de Kock, affiche à gravure.	
Les Boucaniers, par Paul Duplessis. 3 vol. in-8, superbe affiche à gravure, net :	13 50
L'Usurier sentimental, par G. de la Landelle. 3 v. in-8.	13 50
La Place Royale, par madame la comtesse Dash. 3 vol. in-8.	13 50
La marquise de Norville, par Élie Berthet. 3 v. in-8.	13 50
Mademoiselle Lucifer, par X. de Montépin. 3 vol. in-8.	13 50
Les Orphelins, par madame la comtesse Dash. 3 vol. in-8.	13 50
La Princesse Pallianci, par le baron de Bazancourt. 5 v.	22 50
Le Chasseur d'hommes, par Emman. Gonzalès. 3 v. in-8.	13 50
Les Folies de jeunesse, par Maximilien Perrin. 3 vol. in-8, affiche à gravure, net :	13 50
Livia, par Paul de Musset. 3 vol. in-8, net :	13 50
Bébé, ou le Nain du roi de Pologne, par Roger de Beauvoir. 3 vol. in-8, net :	13 50
Blanche de Bourgogne, par Madame Dupin, auteur de *Cynodie, Marguerite*, etc. 2 vol. in-8, affiche à gravure, net :	9 »
L'heure du Berger, par Emmanuel Gonzalès. 2 vol. in-8, affiche à gravure, net :	9 »
La Fille du Gondolier, par Maximilien Perrin. 2 vol. in-8, affiche à gravure, net :	9 »
Minette, par Henry de Kock. 3 vol. in-8, net :	13 50
Quatorze de dames, par Madame la comtesse Dash. 3 vol. in-8, net :	13 50
L'Auberge du Soleil d'or, par Xavier de Montépin. 4 vol. in-8, affiche à gravure, net :	18 »
Les Coureurs d'aventures, par G. de la Landelle. 3 vol. in-8, affiche à gravure, net :	13 50
Débora, par Méry. 3 vol. in-8, net :	13 50
Le Maître inconnu, par Paul de Musset. 3 vol. in-8, net :	13 50
L'Épée du Commandeur, par X. de Montépin. 3 vol. in-8.	13 50
La Nuit des Vengeurs, par le marquis de Foudras. 5 vol. in-8, net :	22 50
La Reine de Saba, par Xavier de Montépin. 3 vol. in-8, affiche à gravure, net :	13 50
La Juive au Vatican, par Méry. 3 vol. in-8, net :	13 50
Le Sceptre de Roseau, par Émile Souvestre. 3 vol. in-8, net :	13 50
Jean le Trouveur, par Paul de Musset. 3 vol. in-8, net :	13 50
Les Femmes honnêtes, par Henry de Kock. 3 vol. in-8, affiche à gravure, net :	13 50
Les Parens riches, par madame la comtesse Dash. 3 vol. in-8, net :	13 50
Cerisette, par Ch. Paul de Kock. 6 vol. in-8, affiche à grav., net :	33 »
Diane de Lys, par Alexandre Dumas fils. 3 vol. in-8, net :	13 50

Imprimerie de Gustave Gratiot, 30, rue Mazarine.

www.ingramcontent.com/pod-product-compliance
Lightning Source LLC
Chambersburg PA
CBHW062007180426
43199CB00033B/1398